Max Krakauer · Lichter im Dunkel

ctb calwer taschenbibliothek 108

Max Krakauer

Lichter im Dunkel

Flucht und Rettung eines jüdischen Ehepaares
im Dritten Reich

Neu herausgegeben von
Gerda Riehm und Jörg Thierfelder
unter Mitarbeit von Susanne Fetzer
Mit einem Vorwort von Eberhard Röhm

Calwer Verlag Stuttgart

Gedruckt mit freundlicher Unterstützung der Calwer Verlag-Stiftung

Editorischer Hinweis:
Der Text folgt der 1947 im Stuttgarter Behrendt-Verlag erschienenen Erstausgabe; er wurde behutsam der neuen Rechtschreibung angepasst.
Gegenüber früheren Ausgaben, in denen die Personennamen abgekürzt worden waren, werden sie in dieser Neuausgabe erstmals ausgeschrieben.
Offensichtliche Verschreibungen wurden stillschweigend korrigiert.
Familienangehörige der Helferinnen und Helfer haben für diese Neuausgabe dankenswerterweise zahlreiche zeitgenössische Fotos zur Verfügung gestellt. Um den vorgegebenen Rahmen nicht zu sprengen, konzentriert sich die Auswahl auf die im Buch genannten Familien, Ehepaare und Einzelpersonen.
Außerdem wurden zwei Zeichnungen zu den Fluchtrouten aufgenommen. Sie fußen auf dem Bericht von Max Krakauer, einem von Krakauer bald nach der Befreiung zusammengestellten Verzeichnis (vgl. Paul Sauer: Die Schicksale der jüdischen Bürger Baden-Württembergs, 1969, S. 437–440) sowie weiteren Recherchen der Herausgeber.

Bibliografische Informationen Der Deutschen Bibliothek
Die Deutsche Bibliothek verzeichnet diese Publikation in der Deutsche Nationalbibliografie: detaillierte bibliografische Daten sind im Internet über http://dnb-ddb.de abrufbar

ISBN 978-3-7668-4001-1

3. Auflage 2012

Layout und Herstellung: Kurt Thönnes, die Werkstatt, Hindelbank
Karten: diGraph, Atelier für didaktische Grafik GmbH, Lahr
Satz und Reproduktionen: MedienTeam Berger, Ellwangen
Druck: Beltz Druckpartner, Hemsbach
E-Mail: info@calwer.com
Internet: www.calwer.com

Inhaltsverzeichnis

Vorwort

Anfang 1943 lebten in Deutschland von den ursprünglich 500.000 Juden gerade mal noch 50.000, die meisten von ihnen als Zwangsarbeiter in der Rüstungsindustrie. Binnen zweier Monate sollten auch sie deportiert und ermordet werden. Zu diesen gehörte auch das Ehepaar Max und Karoline (Ines) Krakauer in Leipzig. Nach der Pogromnacht und dem Verlust seiner angesehenen Filmverleihgesellschaft war Max Krakauer mit Frau nach Berlin geflüchtet in der Hoffnung, von dort den Absprung in die Emigration zu finden. Doch alle Bemühungen um eine Auswanderung nach Palästina, in die USA oder nach Australien scheiterten. Nur der damals 19-jährigen Tochter Inge war im Januar 1939 gerade noch die Emigration nach England gelungen. Am 29. Januar 1943 sollten die beiden in ihrer Berliner Wohnung von der Gestapo zur Deportation abgeholt werden. Sie wurden gewarnt und entkamen buchstäblich in letzter Minute ihren Häschern. Es grenzt fast schon an ein Wunder, dass Max und Ines Krakauer die folgenden 27 Monate innerhalb des Deutschen Reiches untertauchen konnten und überlebten. Man schätzt, dass dies lediglich dreitausend bis fünftausend Juden gelungen ist.

Max Krakauer hat seinen Rettern – und es waren mehrere hundert, wenn man die Familienangehörigen mit zählt – ein Denkmal gesetzt, indem er wie in einem spannenden »Reisebericht« die 77 Stationen beschreibt, in denen seine Frau und er Gastfreundschaft in dunkler Zeit fanden. Denn »das Denunziantentum wucherte«, wie Krakauer schreibt, und die Beherbergung eines Juden war für die Gastgeber nur »unter Einsatz ihres eigenen Lebens und der Existenz ihrer Angehörigen« möglich.

In Berlin gab es Freunde und einen illegal arbeitenden Helferkreis der Bekennenden Kirche zur Unterstützung verfolgter Juden, denen das Ehepaar Krakauer für ein halbes Jahr 25 Untertauchadressen in Berlin und in Pommern verdankte und die ihm eine neue Identität verschafften. Die beiden hießen jetzt Hans und Grete Ackermann und gaben sich als nichtjüdische Bombenflüchtlinge aus dem zerstörten Berlin aus.

Im August 1943 wechselten die »Ackermanns« nach Württemberg, wo sich in den nächsten zwanzig Monaten nach und nach eine »Pfarrhauskette« von nahezu fünfzig Stationen bildete. Anfänglich waren es einzelne Familien von Mitgliedern der Kirchlich-theologischen Sozietät, die ohne viel Aufhebens Herberge gaben. Ab Dezember 1943 kamen auch Häuser von Anhängern der Evangelischen Bekenntnisgemeinschaft in Württemberg hinzu. Es scheint, dass keine zentrale Steuerung die Rettungsaktion in Gang hielt, sondern die Flüchtenden von Freund zu Freund weitergereicht wurden und es immer wieder den einen und anderen gab, der regional dafür sorgte, dass die beiden Todgeweihten nicht auf der Straße liegen blieben.

Das »Wunder« bestand darin, dass Menschen das traditionelle Vorurteil gegenüber »Juden« überwanden und ihre Türen öffneten. In der Kirchlich-theologischen Sozietät war schon kurz nach der Pogromnacht 1938 unter dem Einfluss von Wilhelm Vischer und Karl Barth ein Umdenken im Verhältnis der Christen zu den Juden in Gang gekommen. Ihr Vorsitzender, Hermann Diem, verfasste um Ostern 1943 das klarste und mutigste Wort zur Judenverfolgung auf protestantischer Seite, den »Münchner Laienbrief«. Getragen nicht nur vom Gedanken der Nächstenliebe, sondern auch vom Glauben an die »Heilsbedeutung Israels« scheuten die Beteiligten an der »Pfarrhauskette« auch nicht Gefahren für Leib und Leben. Nicht wenige von ihnen standen aus andern Gründen bereits unter ständiger Beobachtung der Gestapo, wie Wilhelm Jannasch, Hermann Diem, Theodor Dipper, Richard Gölz und Otto Mörike. Einzelne beherbergten auch noch andere flüchtige Juden wie Elisabeth und Kurt Müller sowie Hildegard und Richard Gölz. Die Hauptlast an Entbehrungen und Ängsten aber trugen ohne Zweifel die Ehefrauen, nicht zu vergessen jene Frauen, deren Männer im Krieg waren und die den Mut aufbrachten, dennoch in ihrem Haus neben ihren Kindern das Ehepaar Krakauer für eine gewisse Zeit unterzubringen wie Margarete Werner, Erika Beierbach, Maria Kleinknecht, Hildegard Spieth und Elisabeth Goes, die Frau des Dichterpfarrers Albrecht Goes.

Es ist das große Verdienst dieser Neuausgabe, die Erinnerung sowohl an das Schicksal Max und Karoline Krakauers als auch an die vielen mutigen Helferinnen und Helfer, die ihnen auf ihrer gefährlichen Flucht durch das nationalsozialistische Deutschland »Lichter im Dunkel« waren, wach zu halten. Herausgebern und Verlag ist dafür zu danken, dieses in seiner Art einmalige Zeugnis christlicher Solidarität mit Juden durch zahlreiche zeitgenössische Abbildungen, Karten und Übersichten bereichert und gerade auch den nachgeborenen Generationen wieder zugänglich gemacht zu haben.[1]

Dr. h.c. Eberhard Röhm

1 Ausführlich zur so genannten Pfarrhauskette und ihren Hintergründen vgl. Eberhard Röhm/Jörg Thierfelder: Juden – Christen – Deutsche, Calwer Verlag, Stuttgart, vor allem Bd. 3/1, Kap. 3, Bd. 4/1, Kap. 8–10 und Bd. 4/2, Kap. 41.

Wetterleuchten

Der Tag war mühselig und anstrengend gewesen. Wie immer, wenn ich geschäftlich unterwegs war, rief ich gegen Abend meine Frau daheim in Leipzig an, diesmal aus der Halle eines Magdeburger Hotels. Stockend und mit bebender Stimme erzählte sie mir, sie säße gerade am Lautsprecher und höre eine Übertragung aus Berlin, aus dem Regierungsviertel, wo die Ernennung Adolf Hitlers zum Reichskanzler gefeiert werde. Fackelzug, endloses Geschrei, Ansprachen … »Wir sind erledigt«, sagte ich, »ich komme morgen früh nach Hause.« Böse und heimtückisch klang mir das Knacken des Apparates, als ich den Hörer auflegte. Für eine Sekunde schloss ich die Augen. Als ich sie wieder öffnete, fiel mein Blick auf einen Kalender vor mir an der Wand, eine Hapag-Reklame mit den zum Quadrat gefügten Blockbuchstaben und darüber dem bunten, in die Ferne ziehenden Schiff. Darunter die Ziffern: 30. 1. 1933.

Ich wusste, was die Meldung bedeutete, die am Mittag aus den Lautsprechern gedrungen war. Ich hatte bereits entsprechende Erfahrungen hinter mir, zu einer Zeit, als auch von den damals in Deutschland lebenden 5 bis 600.000 Juden nur die wenigsten erkannt hatten, welches Ausmaß von Gemeingefährlichkeit sich mit den Namen NSDAP und Adolf Hitler verband. Noch waren die meisten nicht geneigt, in ihnen mehr zu sehen als eine bedeutungslose Gruppe lächerlicher Phantasten.

Seit meiner Rückkehr aus dem ersten Weltkrieg im Jahre 1918 war ich verantwortlicher Leiter einer Filmverleihfirma in Leipzig. In unermüdlicher Arbeit hatte ich geholfen, sie aus kleinen Anfängen heraus zu einem allbekannten Unternehmen emporzuführen. Anfang 1932

Leipzig, Altes Rathaus, während der Messe, nach 1933

erwarben wir für 250.000 Dollar, eine außerordentliche Summe, den Charly Chaplin-Film »City Light«, ein hervorragendes Werk, ein Film allererster Klasse seines Genres, von dem wir und mit uns die gesamte deutsche Filmwelt sich einen ganz besonderen Erfolg versprachen. Er blieb auch nicht aus, sondern hielt allen Erwartungen stand – bis das Unheil begann. Eines Tages machten die Nazis, damals noch weit entfernt von der »Macht«, die, wie sie meinten, Aufsehen erregende Entdeckung, dass Chaplin Jude ist. Damit glaubten sie dem für antisemitische Gedanken empfänglichen Teil des Volkes beikommen zu können. Für andere, betont national eingestellte Kreise wurde die Behauptung, er sei Kommunist, in den Mittelpunkt der »Aufklärung« gestellt. Dass sie aber im gleichen Atemzug schrien, er sei vielfacher Dollarmillionär, beweist nur, dass bereits damals ihre frappierende Verdrehungskunst, die sie die widersprechendsten Dinge zusammenwerfen und proklamieren ließ, in schönster Blüte stand. Doch so sehr sich ihre Parteipresse auch mühte und ihre Redner sich heiser schrien, es wollte und wollte ihnen nicht gelingen, den jüdischen Millionär-Kommunisten und seinen Film unmöglich zu machen. Da verfielen sie zum ersten Male auf das Mittel, das ein Jahr später in vielfacher Vergrößerung seine Triumphe feiern sollte: vor den Lichtspieltheatern, in denen der Film lief, erschienen SA-Posten, die das Publikum »aufzuklären« begannen, das heißt, die die Besucher belästigten und am Betreten der Theater zu hindern trachteten. Als auch das nichts half, griff man kurz entschlossen zu »geistigen Waffen« von besonderer Durchschlagskraft: zu Stinkbomben und weißen Mäusen. Mit ähnlichen Mittelchen gleichen Kalibers wurde die entstehende Panik noch vergrößert, und endlich kam das Ziel in Sicht. Die ersten Theaterbesitzer begannen, durch solchen Terror und private Drohungen erschreckt, die Abnahme des Films zu verweigern. Um weiteren Schwierigkeiten zu entgehen, beugten sie sich dem Druck dieser so wohl präparierten »öffentlichen Meinung«. Der Schaden meiner Firma war enorm, sie fallierte, nicht zuletzt mit Hilfe der damals schon durch die Nazis stark infizierten »Ufa«. Mein persönlicher Verlust, den ich der »Bewegung« zu verdanken hatte, war entsprechend, da ich auf Ansprüche gegen die fallierende Firma verzichten musste. Doch das war nur das Vorspiel, eine erste Kostprobe alles Kommenden. Zwar wurde ich von einer neu gegründeten Auffangfirma übernommen, der Horizont aber blieb düster. Immer schwerere Wetterwolken zogen herauf. Und nun also marschierte Berlin, bzw. der Teil von Berlin, der glaubte, mit der »Machtergreifung« habe die Rettung Deutschlands begonnen. Nun jubelten sie, vor allem die heranwachsende Jugend – und viel Frauen.

Es soll hier nicht meine Aufgabe sein, zu untersuchen, wie das so vertrauensselige und politisch so urteilslose deutsche Volk dem satanischsten Rattenfänger der Erde in seine Netze ging. Vielleicht hatten sich alle getäuscht, alle, nicht nur die Jubelnden. Denn auch die anderen hatten keine rechte Vorstellung von der Größe des sich anbahnenden Unheils. Die Neigung, ihm und seinem System mehr als ein paar Monate zu geben, war sehr gering. Man tröstete sich damit, dass Leute, die alles können wollen und allen alles versprechen, meist nach kurzer Zeit abgewirtschaftet haben – und was der Gründe mehr waren, mit denen man sich gegenseitig beruhigte. Muss es nicht scheinen, als ob auch das gesamte Ausland diesem Trugschluss verfiel? Doch ich will ja nicht »untersuchen«, mich nicht in die Sphäre der Theorien und Hypothesen begeben, sondern sachlich über mein und meiner Frau Schicksal berichten, um damit einen Blick freizugeben in Regionen und Lebensbezirke inmitten des Dritten Reiches, in die bisher nur selten ein Scheinwerfer des Weltinteresses drang.

Die Gosse explodiert

Der 1. April 1933 wurde von der NSDAP zum »Boykotttag« erklärt, als Vergeltung für das von den Juden begangene Unrecht. Julius Streicher, von Hitler zum Leiter der Aktion ernannt, hielt eine Rede, deren Verlogenheit alles bisher da Gewesene in den Schatten stellte und nur noch mit den Maßstäben der Psychiatrie gemessen werden konnte. Wieder erschienen die SA-Posten, diesmal vor allen Geschäften, deren Besitzer Juden waren, und hinderten die Käufer daran, einzutreten. Noch aber gab es manchen, der den Mut besaß, zum Zeichen seines offenen Protestes von einem zum anderen jener Läden zu gehen, deren Schaufenster mit dem in riesigen Buchstaben gekleckten Wort »Jude« verschmiert waren, um irgend etwas zu kaufen. Oft geschah es dann, dass der Betreffende, vor allem in kleineren Städten, photographiert wurde, und bald darauf erschien sein Bild öffentlich ausgestellt an einer zentralen Stelle des Ortes, darunter die Unterschrift »Judenknecht«. Grölend zogen den ganzen Tag die Schmierkolonnen durch die Straßen und markierten die Häuser, von denen sie wussten, dass in ihnen Juden wohnten. Wer sich sehen ließ, wurde misshandelt. Jüdische Gelehrte, Ärzte, Juristen, Kaufleute, Künstler, alle sahen sich mit einem Schlage dem Wüten eines von der »nationalen Revolution« empor geschleuderten Abschaumes ausgesetzt.

Auch die Filmfirmen konnten diesen Maßnahmen, zu denen sich die mannigfaltigsten Abwandlungen gesellten, nicht entgehen. Eifrige Parteigänger und Postenjäger richteten an sie die Forderung, alle ihre jüdischen Angestellten sofort zu entlassen, und pochten dabei auf Vollmachten der Lichtspieltheaterbesitzer, die diese nie gegeben hatten. Einer dieser Eiferer tat sich dabei durch besondere Gehässigkeit hervor, ein Mann, der noch kurze Zeit zuvor nicht genug betonen konnte, wie dankbar er den Juden sein müsse, die ihn am Rande des ersten Weltkrieges, als er vor dem Nichts stand, aufgenommen und zu dem gemacht hatten, was er jetzt war: zum Inhaber einer geachteten Position mit einem mehr als überdurchschnittlichen Einkommen. Das Umschlagen des politischen Windes war für diesen ehrenwerten Herrn das Signal, seine Dankbarkeit endlich praktisch betätigen zu können. Es stellte sich heraus, dass er schon längere Zeit insgeheim der Partei angehört hatte, und diese Tatsache benützte er, um sich zum Diktator der gesamten Firma aufzuwerfen. Seine vornehmste Aufgabe erblickte er darin, das Haus von allen Nichtariern zu säubern, d.h. von denen, denen er alles verdankte, und dabei bediente er sich sozusagen zunächst im kleinen Kreise all der Mittel, die später von Partei und Staat so großzügig ausgebaut wurden und die zum Schluss die ganze Welt gegen das deutsche Volk zusammenschweißten. Was er von mir verlangte, war kurz und bündig der Verzicht auf alle meine vertraglich festgelegten Rechte. Im Weigerungsfalle Verhaftung durch die SA! Durch die SA! Nicht durch die Polizei. Da er sich rasch mit Gleichgesinnten zusammenfand, die skrupellos die Chance nützten, sich straflos durch Betrug und Erpressung bereichern zu können, gelang ihm auch bald der Aufstieg bis zu den höchsten Posten der Filmindustrie.

Ich dachte nicht daran, mich mit der zwangsweisen Ausschiffung zufrieden zu geben, und suchte vor Gericht zu meinem Recht zu kommen. In diesem Prozess arbeitete der Bursche mit so unsauberen Mitteln, dass der amtierende Richter ihn trotz der hinter ihm stehenden Parteigewalt deshalb zurechtweisen musste, und das will etwas heißen. Denn nach dem Boykotttag hielten es auch die Gerichte nicht mehr für zweckmäßig, sich bedingungslos für die Rechte eines Juden einzusetzen. Alles Recht war nach der Erklärung des Vorsitzenden auf meiner Seite, aber: da waren, wie man munkelte, bereits Gesetze in Aussicht, deren Devise lautete: »Recht ist, was dem Volke nützt.« Hätte aber ein Jude in einer derartigen Auseinandersetzung recht behalten, so wäre dies nach der Ansicht der NSDAP nicht zum Nutzen des Volkes gewesen; und in den kommenden Jahren ereigneten sich diese Rechtsbeugungen noch bei viel wichtigeren Dingen, ohne Rücksicht auf wirkliches Recht und

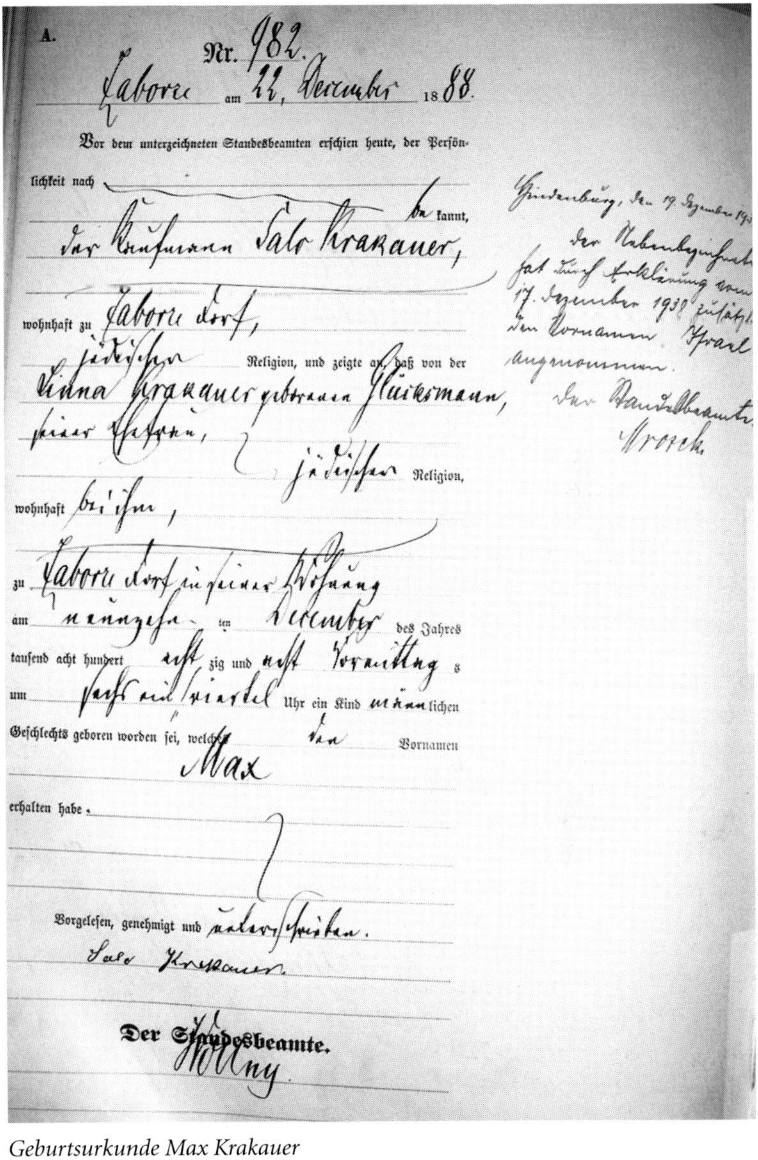

Geburtsurkunde Max Krakauer

Moral, am laufenden Band. In Anbetracht der zu erwartenden Gesetze blieb mir nichts anderes übrig, als mich mit einem sehr mageren Vergleich zufrieden zu geben und verlor damit durch die ersten Tricks des Dritten Reiches abermals einen beträchtlichen Teil meines Besitzes.

Ein weiterer Verbleib im Filmwesen, dem ich seit 1919 angehört hatte, war nun unter keinen Umständen mehr möglich. Kein Jude wurde in die einzelnen Kammern, in meinem Falle die Reichsfilmkammer, aufgenommen, die jetzt entstanden. Aber ich musste doch meine Familie ernähren, und die Frage, wie das zu bewerkstelligen, quälte mich und viele, viele meiner Schicksalsgenossen Tag und Nacht. Was ich auch anfing, und ich versuchte alles Mögliche und Unmögliche, zerschlug immer wieder an der systematischen Hetze gegen uns Juden. Die Enttäuschungen und Verluste jagten sich. Bald musste ich meine Wohnung verkleinern und einen Teil davon zu dem lächerlichen Preis von 10 bis 20 Prozent ihres Wertes verkaufen; denn ich war ja nicht allein in dieser Lage, und die langsam einsetzende Auswanderung der Juden und die damit verbundene Aufgabe ihrer Wohnungen warf Einrichtungsgegenstände in großem Umfang auf den Markt. Mancher kleine Emporkömmling hat diese Gelegenheit weidlich ausgenutzt. Aber auch das damit gewonnene Geld wurde verschlungen durch meine Versuche, auf immer neuen Gebieten meine Familie über Wasser zu halten. Dann setzte die offizielle staatliche Ausraubung der Juden ein, die mir schließlich nur noch die leihweise Benutzung meines letzten beweglichen Eigentums ließ. Nur noch ein Streben schien wirklich sinnvoll zu sein: Heraus aus diesem Hexenkessel, fort aus diesem Land, das uns so offensichtlich zu vernichten trachtete, auswandern! Ich gehörte zu den ersten, die ihr Augenmerk darauf richteten. Palästina war das von mir gewählte Ziel. Doch die von den Engländern festgesetzte Einwanderungsquote war hoffnungslos. Nur eine kleine Anzahl von Zertifikaten wurde ausgegeben, und auch diese nur an bestimmte Kategorien, an Leute, die für den Aufbau des Landes als besonders wichtig galten, an Handwerker also in erster Linie und an Landwirte. Ich gehörte nicht zu ihnen. Blieb nur noch die Möglichkeit, über ein so genanntes »Kapitalisten-Zertifikat« hineinzukommen. Das bedeutete, dass der Bewerber mindestens tausend palästinensische Pfund sein eigen nennen musste.

Karoline und Max Krakauer mit Tochter Inge, Marienbad, 1927

Der deutsche Staat aber dachte gar nicht daran, einem Auswanderer tausend Pfund mitzugeben, auch nicht nach Bezahlung der Reichsfluchtsteuer. Höchstens wäre die Mitnahme von Waren, von Produktionsgütern in Höhe dieser Summe in Frage gekommen, doch das zerschlug sich fast ausnahmslos an organisatorischen Schwierigkeiten.

Ich versuchte es anders. Die Möglichkeit, ein Affidavit aus den Vereinigten Staaten zu erhalten, war gegeben. Alle Voraussetzungen, die besonders darin bestanden, dass das Affidavit »fundiert« sein, d.h. dass der geforderte hohe Betrag auch tatsächlich nachgewiesen werden musste, waren erfüllt. Da verunglückte unser Bürge und Helfer in den Staaten am gleichen Tage schwer, da die Angelegenheit perfekt gemacht werden sollte. Als wir nach einer Verzögerung von vielen Monaten uns abermals dem Ziele nahe glaubten, war es zu spät. Ich reichte Australien ein. Es zeigte sich, dass Kaufleute für die Einwanderung in Australien nicht willkommen waren. Nur wieder Handwerker wurden gewünscht. In allen diesen Mühen und Sorgen, Verhandlungen, Fahrten und Besuchen erreichte uns plötzlich ein Telegramm einer bei Nacht und Nebel in die Tschechoslowakei entkommenen Freundin: »Bucht sofort Trinidad.« Es stellte sich heraus, dass Trinidad unvermittelt für jegliche

Einwanderung freigegeben war. Neues, schwer zu nehmendes Hindernis: Die Buchung war nur in Holland möglich, der Preis musste in holländischen Gulden bezahlt werden. Abermals verstrich lange, kostbare Zeit, doch wir schafften es. Die ersten Schiffe waren bereits unterwegs, als uns die Nachricht erreichte, dass Trinidad auf einmal für Juden gesperrt wurde. Die bereits auf See Befindlichen mussten zurückkehren. Unsere Verzweiflung wuchs, und ich sah keinen anderen Weg mehr, als mich mit dem Plan einer »Schwarzauswanderung« zu befassen. Schon wiederholt hatten wir gehört, dass Schwarzauswanderungen angeboten wurden, doch sie kosteten unendliche Summen und boten nicht die geringste Gewähr für ein Gelingen. Vor allem gab es keine Sicherung dagegen, dass man Betrügern in die Hände fiel. Eines dieser Angebote schien mir jedoch noch am verlässlichsten, ein Weg, schwarz nach Belgien zu kommen. Die erste Gruppe machte sich auf die Reise, doch sie wurde an der Grenze verhaftet, und nie wieder haben wir etwas von den Beteiligten gehört. Sie waren in eine Falle der Gestapo gegangen. Solche Betrugsmanöver waren an der Tagesordnung bis Anfang 1943, zuletzt sogar unter tätiger Mithilfe von einzelnen Gestapoangehörigen, die auf diese Weise ein dreifaches Geschäft machten: Erstens erhielten sie den hohen Kaufpreis des Verzweifelten, der alles hingab, nur um der Hölle zu entweichen, dann bekamen sie von ihrer Reichsführung eine Art Prämie für jeden eingefangenen flüchtigen Juden, und zwischendurch hatten sie noch Gelegenheit, sich an der letzten mitgeführten Habe der Getäuschten zu bereichern. Noch einmal verwandte ich alle meine Energie darauf, nach den USA zu kommen, bis die Schließung der amerikanischen Konsulate, lange vor Ausbruch des Krieges, diesem heißen Bemühen ein unüberwindliches Halt gebot. Ein Auswanderungsplan nach dem anderen war mir so durch widrige Verhältnisse, durch persönliches Missgeschick und unglückliche Zufälle zerschlagen worden. Es fragt sich leicht: »Warum sind Sie denn geblieben? Warum sind Sie nicht rechtzeitig gegangen?« Wie viele hätten es getan und das Letzte dafür gegeben, wenn da ein Weg gewesen wäre, der für sie gangbar war. Sie wären gerettet worden!

November 1938. Der Fall »von Rath« in Paris führte zum Auflodern der vom Wilhelmsplatz durch Fernschreiben gelenkten Volkswut, zum Brand der Synagogen, zur Zerstörung der jüdischen Geschäfte. Die »Reichskristallnacht« raste. Die erste große Verhaftungswelle der Juden im Reich und ihr Abtransport in Konzentrationslager begann. Auch ich stand auf der Liste der Häscher. Es gelang mir jedoch, mich bei ausländischen Glaubensgenossen zu verbergen und dann, Frau und Kind zurücklassend, die Tag und Nacht von Polizei und SS belästigt und verhört wurden, weil man die Suche nach mir nicht aufgab, von Leipzig nach Berlin zu fliehen. Im Januar 1939 glückte es unserer Tochter, unserem einzigen Kind, nach England zu kommen. Schweren Herzens ließen wir sie gehen, aber wir hatten doch die Gewissheit, dass sie den Klauen der Nazis entzogen war.

Im Mai 1939 übersiedelten wir ganz nach Berlin, um die, wie wir hofften, nunmehr unmittelbar bevorstehende Auswanderung dort am Sitz der Konsulate noch energischer betreiben zu können. Aber die bereits erwähnte Schließung des USA-Konsulates zog auch unter dieser Phase einen harten Schlussstrich. Bereits am 1. Oktober 1938 war den Juden die Ausübung eines Reisegewerbes untersagt worden, und da ich auf diese Weise in den letzten Jahren das Nötigste zum Leben verdient hatte, war mir jetzt die letzte Möglichkeit, einigermaßen erträglich zu existieren, genommen.

Zwangsarbeit

Die Welt stand in Flammen. Der Krieg schwang seine Fackel über die Menschheit, und zu den ersten Kriegsgesetzen, die in Deutschland erlassen wurden, gehörte das über die »Zwangsarbeit für alle Juden«. Doch nicht eine Betätigung in den von ihnen erlernten einstigen Berufen war gemeint, sondern nur schwerste körperliche Anstrengung kam für sie in Frage, ganz gleich, ob Arbeiter, Kaufmann oder Akademiker. Ausschachtungs- und Abbrucharbeiten, Müllabfuhr und ähnliches war das übliche. Später, als der Krieg Divisionen um Divisionen verschlang, die Arbeitskräfte auch auf anderen Gebieten rar wurden, zog man Juden auch als Montagearbeiter für Kriegsgerät aller Art heran. Da trat die Deutsche Arbeitsfront auf den Plan. Sie bezeichnete diese Arbeiten als für Juden zu leicht, und wies die Betriebsführer noch einmal ausdrücklich an, Juden nur zu den schwersten, schmutzigsten Arbeiten heranzuziehen. Das wurde »Hofarbeit« genannt. Zehn, elf und mehr Stunden täglich galt es Lasten zu schleppen, Mülltonnen zu heben, ganz gleich, ob der körperliche Zustand des einzelnen es zuließ oder nicht. Und er war danach. Eine neue Erfindung hatte in der Ausgabe besonderer Lebensmittelkarten für Juden bestanden. Das hieß auf deutsch: Verweigerung von Fleisch, Fischen, Eiern und Weißbrot und Verbot des Verkaufs von allen nicht bewirtschafteten Lebensmitteln an Juden. Außer zweieinhalb Kilogramm Kartoffeln (soweit solche vorhanden waren), einem Kilogramm Kohlrüben oder Roten Rüben wöchentlich pro Person gab es für Juden keine kochbaren Lebensmittel mehr. Ihre Körperkräfte verfielen rapid, Krankheiten häuften sich. Trotzdem wurden Arbeitsunfähigkeitsmeldungen aus Angst vor der Gestapo vermieden; denn man wusste, dass die Krankenkassen darüber Bericht erstatten mussten, und auch die Vertrauensärzte der Kassen bzw. der Landesversicherung, vor die man nach zehn Tagen Arbeitsunfähigkeit geladen wurde, hatten entsprechende Weisungen.

So wurden auch wir, meine Frau und ich, »dienstverpflichtet«, d.h. wir wurden vom selbstverständlich besonders instruierten Arbeitsamt »Abteilung Juden« in Gruppen eingeteilt und ohne weitere Erklärungen abgeführt. Erst am Bestimmungsort erfuhren wir, wo wir arbeiten sollten und worin unsere Tätigkeit bestand. Die Entlohnung war derart schlecht, dass es unmöglich war, davon zu existieren. Jüdische Vermögen waren von der »Devisenstelle«, so nannte sich die betreffende Abteilung der Gestapo, beschlagnahmt. Zwar gelang es einigen, eine kleine Summe zum Lebensunterhalt freizubekommen, aber dann erhielten sie ihren Arbeitslohn nicht ausbezahlt, sondern er musste diesem Konto gutgeschrieben werden, nachdem, wie bei allen Juden, trotz der unerträglich niedrigen Bezahlung außer den sonst üblichen Abzügen noch eine Sondersteuer von 15 Prozent abgezogen worden war.

Arbeiten, wie ich sie schon oben beschrieb, hatte ich bis zum 29. Januar 1943 zu leisten. Meine Frau musste erst ein Jahr lang, und zwar täglich zehn Stunden, unter den unwürdigsten Verhältnissen Kartoffeln schälen. Dafür wurden pro Zentner zwei Mark bezahlt. Arbeitsplatz war ein ehemaliger Metzgerladen, in dem nur ein winziges Öfchen für etwas Wärme sorgte, denn bekanntlich sind solche Läden ohne Heizung gebaut. Der besonders kalte Winter des Jahres 1941 war eine Qual. Zwar wurde nach Möglichkeit gefeuert, doch nur mit dem Resultat, dass die in der Nähe des Ofens Sitzenden auf der einen Seite rösteten, während die anderen in dem großen Laden jämmerlich froren und mit steifen, blauen, aufgesprungenen Fingern die Schälmesser führten. Die Ausdünstung der erfrorenen und langsam auftauenden Kartoffeln wurde noch dadurch vermehrt, dass die Kartoffelschalen tagelang nicht abtransportiert werden konnten. Im Sommer war der Geruch kaum auszuhalten. Der Arbeitgeber, ein Herr Otto Schade und seine Freundin, die offizielle Inhaberin des Betriebes, waren der Prototyp jener Deutschen, die sich an Juden und ihren Leiden schwer bereicherten. Ein Wechsel des Arbeitsplatzes war ausgeschlossen, da das Arbeitsamt derartige Gesuche mit Deportation zu beantworten pflegte.

Nach einem Jahr wurde meine Frau durch die beginnende Kartoffelknappheit von dieser Tätigkeit erlöst, aber die Freude darüber dauerte nur kurze Zeit. Sie kam jetzt in einen Betrieb, der Fliegerfilmbüchsen ausbesserte. Dazu wurden Laugen und andere beizende Essenzen verwandt, die sich derartig auf Lunge und Magen legten, dass die meisten der dort Beschäftigten schwer erkrankten und, wie meine Frau, keine Nahrung mehr bei sich behalten konnten. Glücklicherweise gehörte hier der Arbeitgeber, ein Herr Karl Berger, zum Gegenteil der vorher geschilderten, zu denen, die Verständnis hatten für die schwere Lage der bei ihm beschäftigten und speziell für diese Tätigkeit ausgesuchten Juden. Denn trotz ausdrücklichem Verbot versuchte er, so oft es ihm möglich war, den geplagten Frauen Milch zu beschaffen, um damit den Wirkungen der giftigen Ausdünstungen wenigstens etwas entgegenzuarbeiten. Auch sonst tat er manches für seine jüdischen Arbeiter, was er nicht durfte, und hatte mehr als einmal Unannehmlichkeiten mit den aufsichtsführenden Behörden. Aber er zählte zu denen, die sich aus Strafandrohungen nicht allzu viel machten.

Als Folge der Unterernährung und der Strapazen wäre noch vor Auschwitz eine viel größere Anzahl von Juden gestorben als so schon, wenn es nicht unter den Geschäftsleuten mitfühlende Menschen gegeben hätte, die die Aushungerungsmaßnahmen von Partei und Staat, die Methode der Vernichtung auf kaltem Wege nicht auf ihre Weise sabotiert hätten und oft unter großen Gefahren und drastischer Maßnahmen gewärtig an Juden Lebensmittel abgaben, die diese eigentlich nicht haben durften. Das Gefahrenmoment lag vor allem bei einem Punkt: Im September 1941 war der »Judenstern« eingeführt worden, und jeder Polizist konnte ebenso wie jeder Zivilist auf der Straße die Juden herausfinden. »Taschen aufmachen!« war der Ruf, mit dem man dann bei jeder Gelegenheit angebrüllt wurde; denn es gehörte zum festen Programm der Gestapobeamten, sich die Einkaufstaschen und Aktenmappen der Juden öffnen zu lassen. Wehe, wenn sich dann etwas darin befand, was den Geächteten nicht zustand. Nicht nur, dass er genau angeben musste, wo er diese Lebensmittel her hatte, der Jude wurde abgeführt, und der barmherzige Geschäftsmann konnte sich auf einiges gefasst machen. Auch wenn bei einer der dauernden

Haussuchungen etwas gefunden wurde. Obst zum Beispiel, konnte das das Ende bedeuten. Entdeckten sie jedoch eine Summe von ein paar hundert Mark, wurde der Jude des Geldhamsterns bezichtigt und konnte von Glück sagen, wenn er mit einer leichteren Strafe davonkam. Das Eigenartigste bei diesem System aber bestand darin, dass alle die so genannten »Judenverordnungen«, abgesehen vom Wortlaut der Nürnberger Gesetze, nirgends veröffentlicht, sondern lediglich einer Zentralstelle der früheren jüdischen Gemeinde bekannt gegeben wurden. Von dort mussten sie mündlich weitergesagt werden. Die Radioapparate hatte man uns längst genommen, Zeitungen durften wir weder halten noch am Kiosk kaufen, und so erfuhr man als Jude nur indirekt und auf vielen Umwegen etwas von einem Gesetz, das die ureigenste Existenz berühren konnte. Unkenntnis war dennoch keine Entschuldigung, denn der geringste Verstoß, auch gegen die lächerlichste Verordnung, und war es nur gegen eine Verkehrsvorschrift, hatte die alsbaldige Verhaftung durch die Gestapo zur Folge, und das wiederum hieß: Evakuierung. Wie ein Alpdruck legte sich dieses gespenstische Wort mit der Zeit auf unser ganzes Sein und Denken, denn das, was sich hinter dieser blassen, schemenhaften Vokabel verbarg, war Ausrottung, war Gas, war der Tod. Es würde zu weit führen, alle gegen die Juden ergriffenen Maßnahmen hier im einzelnen aufzuführen. Sie waren nichts gegen das, was im Herbst des Jahres 1940 einsetzte, als nachts die Lastautos durch die Straßen fuhren und die Massenabtransporte der Juden in Konzentrationslager und polnische Ghettos begannen. Zuerst wurden hiervon die betroffenen, die für die Zwangsarbeit nicht zu brauchen waren, die Alten, die Kränklichen, die Kinder. Doch nach ihrer Erledigung kamen auch die Arbeitenden an die Reihe, da man mittlerweile die nötigen Methoden entwickelt hatte, die so entstehende Lücke durch »Fremdarbeiter«, eine neue Kategorie von Sklaven, zu ersetzen. So sollten am 29. Januar 1943 auch meine Frau und ich verhaftet und deportiert werden. Die mit uns in Hausgemeinschaft lebende Schwester meiner Frau und eine Anzahl weiterer Glaubensgenossen – jeder einzelne Jude hatte ja nur Anspruch auf vierzehn Quadratmeter Wohnraum – entgingen ihrem Schicksal nicht. Wir haben weder von ihnen noch von den aus den Häusern der

Nachbarschaft in der gleichen Nacht verschleppten Verwandten oder Bekannten jemals wieder etwas gehört.

Damit komme ich nun zu dem Teil unseres Erlebens unter dem Naziregime, der mir eigentlich Anlass dieser Aufzeichnungen wurde. Ihr Sinn ist es, zu zeigen, dass es im Deutschland jener Jahre, das sich dem außenstehenden Betrachter so ganz und gar im Gewand des Mörders präsentierte, noch eine ganze Anzahl von einzelnen Menschen, von Familien und Institutionen gab, die unter Einsatz ihres eigenen Lebens und der Existenz ihrer Angehörigen, zum Teil unter Entbehrungen und Strapazen die Fürsorge für zwei von der Gestapo verfolgte und gehetzte Menschen auf sich nahmen. Und das war unendlich schwer! Viel schwerer, als man gemeinhin glaubt, denn das Denunziantentum wucherte auch damals schon in Deutschland üppiger als das Unkraut auf dem Felde. Nie werden wir oder andere, die von dieser edlen Haltung wissen, ihnen unsere Rettung aus den Klauen der Schergen Himmlers lohnen können, und ich weiß, sie wollen es auch nicht, da sie es nicht getan haben um irdischen Lohn und Dank, sondern aus Menschenliebe und christlicher Barmherzigkeit und weil sie vor Gott und ihrem Gewissen etwas getan haben wollten, um das bittere Unrecht zu lindern oder gutzumachen, das begangen wurde an Menschen, deren einziges Vergehen darin bestand, dass sie jüdischer Abstammung waren. Sie haben Freiheit und Leben dabei aufs Spiel gesetzt. Sie waren die barmherzigen Samariter im Dritten Reich.

Nachtasyl

Frierend und elend schleppte sich meine Frau am Abend des 29. Januar 1943 von ihrer Arbeitsstelle nach Hause. Als sie nach der Klinke des Tores tastete, löste sich eine Gestalt aus dem Dunkel der Mauern, eine zitternde Hand packte ihren Arm und eine Stimme flüsterte: »Die Gestapo ist in der Wohnung. Machen Sie schnell, dass Sie wegkommen! Weg! Schnell!« Eine christliche Bekannte hatte auf meine Frau gewartet, um sie zu warnen. Alle in unserer Wohnung Anwesenden – es waren außer uns noch neun Menschen, darunter allerdings zwei, die für den Abtransport noch nicht in Frage kamen, da sie in Mischehe lebten – sollten evakuiert werden, auch die einzige noch lebende verwitwete Schwester meiner Frau. Halb bewusstlos vor Schreck und Angst wankte diese in die Dunkelheit davon. Was war mit mir? Am Morgen hatten wir verabredet, dass ich nach Arbeitsschluss zum Arzt gehen wollte. Was nun, wenn ich das aus irgendeinem Grunde nicht getan hatte, wenn ich ebenfalls auf dem Heimweg war, wenn sie mich jetzt verfehlte und ich dem Verhaftungskommando direkt in die Hände liefe, wenn ich abtransportiert würde und sie allein bleiben müsste? Ein kleines bisschen Glück war uns hold, sie traf mich noch in der Sprechstunde des Arztes an. Diesem Zugriff waren wir beide entgangen, aber nach Hause zurückkehren konnten wir nicht. So beschlossen wir, wenn möglich wenigstens die kommende Nacht bei irgendeinem Bekannten zuzubringen und gingen zu einer uns befreundeten Dame, deren Mann wegen eines geringfügigen Vergehens bereits seit langer Zeit im Gefängnis saß und die ihrerseits bei einem in Mischehe lebenden Ehepaar wohnte. Es bedurfte einer langen Verhandlung, ehe wir die Erlaubnis bekamen, im Zimmer unserer Freundin gemeinsam auf einem Sofa zu übernachten. Wir wussten dabei wohl, was wir verlangten, denn die Gefahr, in die wir die ganze Familie brachten, war groß: auch die Wohnungen solcher in so genannter Mischehe lebenden Juden wurden zu jeder Tages- und Nachtzeit durch die Gestapo kontrolliert. Obwohl es für Juden verboten war, nach 20 Uhr – und im Sommer nach 21 Uhr – die Straße zu betreten, wagte ich es, noch einmal zum Kurfürstendamm zu schleichen, um nach unserer Wohnung zu sehen. Alles war hell erleuchtet. Da lauerten sie also, die Häscher, dass wir zurückkommen sollten! Und, wie ich später erfuhr, haben sie bis in die frühen Morgenstunden auf unsere Rückkehr gewartet.

Lange bevor der Tag graute, verließen wir unser Quartier, da wir fühlten, dass man sich durch unsere Anwesenheit in höchster Gefahr glaubte und uns nicht länger in der Wohnung haben wollte. Wieder standen wir auf der dunklen Straße. Wohin jetzt? Ursprünglich hatte ich die Absicht gehabt, nur diese eine Nacht der Wohnung fernzubleiben und am nächsten Tage wieder zur Arbeit zu gehen, als sei nichts geschehen – in der vagen Hoffnung, dass die Gestapo sich dann vielleicht nicht mehr um uns kümmern werde. Doch dieser Weg war uns verschlossen, unsere Wohnung war inzwischen von der Gestapo versiegelt. Hatte das, was wir taten, überhaupt einen Sinn? Woher hatten wir, zwei flüchtige Juden, im Herzen des Dritten Reiches denn Hilfe zu erwarten? War es nicht eine unsinnige Idee, den Häschern Himmlers entgehen zu wollen? War es nicht das beste, sich freiwillig bei der Gestapo zu melden? Verwirrt und unentschlossen suchten wir einen meiner früheren Arbeitskollegen auf, der inzwischen von der Gestapo als Ordner beim Abtransport der Juden eingestellt war, um mit ihm zu beraten. Er muss wohl sehr genau gewusst haben, welches Schicksal uns bevorstand, wenn wir uns selber stellten, denn er beschwor uns mit geradezu flehenden Worten, von diesem Vorhaben abzulassen und lieber zu versuchen, uns weiter verborgen zu halten, solange es nur irgend ging. Überzeugt waren wir nicht, dass das lange gut gehen könnte, aber wenigstens wollten wir es versuchen. So begaben wir uns im Laufe des Vormittags zu der christlichen Witwe eines meiner jüdischen Freunde, der in dem berüchtigten Pyrenäenlager gestorben war, in das am 10. Mai 1940, dem Tage des deutschen Einmarsches in Belgien, alle

Deutschen abtransportiert worden waren, gleich, ob Juden oder Christen. Unter größten Vorsichtsmaßregeln konnten wir bleiben. Eine Nacht allerdings nur, denn es waren zwei Untermieterinnen im Hause, zwei Beamtinnen, Nationalsozialistinnen, die von unserer Anwesenheit um keinen Preis etwas erfahren durften. Der Sohn meines Freundes war daheim. Er galt als Mischling ersten Grades und war mit einem ebensolchen befreundet, der zufälligerweise in unserer bisherigen Wohnung untergebracht war. Des letzteren Vater und die beiden jungen Leute erklärten sich bereit, aus unserer Wohnung unter Aufbrechung des polizeilichen Siegels unsere Sachen herauszuholen, soweit sie transportabel waren. Ein gefährlicher Plan, doch wir willigten ein mit übergroßer Freude, da wir ja nicht einmal die notwendigsten Gegenstände besaßen, nichts außer dem, was wir auf dem Leibe trugen. Elend und hilflos standen wir da. Hilflos und machtlos allerdings auch dagegen, dass unsere braven Helfer uns nur das aushändigten, was sie oder ihre Freundinnen nicht selbst gebrauchen konnten, oder was sich in der Eile nicht schnell genug zu Geld machen ließ. Wir erfuhren von dieser Sonderform der Hilfsbereitschaft von den Beteiligten selbst, da sie bei der Teilung der Beute in Streit gerieten und schließlich einer den andern an uns verriet. Dennoch traf ein Teil unserer Sachen in der Wohnung der genannten Freundin ein, von wo wir sie später abholten, oder abholen ließen. Auch dann erfolgte die Herausgabe noch sehr zögernd, aber wir waren nicht kleinlich, konnten es auch nicht sein, denn abermals mussten wir die Hilfe der Burschen in Anspruch nehmen, diesmal zur Beschaffung von Lebensmitteln und Lebensmittelkarten zu den bereits damals in Berlin üblichen enorm hohen Preisen. Wie gefährlich es übrigens war, Leute wie uns zu beherbergen, darüber sollten wir sehr bald belehrt werden. Wir hatten das Haus gerade für kurze Zeit verlassen, als in der Wohnung unserer Wirtin Gestapobeamte erschienen und mit entsicherten Revolvern in allen Zimmern nach uns suchten. Zum Glück waren die beiden Beamtinnen nicht daheim und konnten deshalb keine Fingerzeige geben, so dass der Besuch keine weiteren Folgen hatte. Wir aber wussten Bescheid. Die Polizei also hatte bereits eine Liste aller unserer Bekannten und Freunde zusammengestellt und kämmte deren Wohnungen durch. An sie alle konnten wir uns demnach nicht mehr wenden. Wohin? Was wurde in der nächsten Nacht?

Einige Wochen zuvor hatten wir durch eine andere uns befreundete Dame einen Herrn Hans Ackermann kennengelernt, der in Berlin-Tempelhof, Alboinstraße 49 wohnte. Er hatte uns, als auch unsere gemeinsame Freundin evakuiert worden war, gelegentlich besucht und uns mit Lebensmitteln unterstützt. Bei einer dieser Gelegenheiten hatte er auch einmal erwähnt, dass er gern bereit sei, uns Unterkunft zu gewähren, falls das notwendig werden sollte. Dieses Mannes, von dessen Verbindung zu uns keine Gestapo etwas ahnen konnte, erinnerten wir uns, suchten ihn auf, fanden aber bei ihm bereits eine uns ebenfalls bekannte Jüdin vor, die er verborgen hielt. Trotzdem ließ uns dieser über alles hilfsbereite Mensch, Junggeselle, pensionierter Beamter, nicht mehr ziehen, sondern war von Herzen bereit, auch uns noch in die Enge seiner Zweizimmerwohnung aufzunehmen. Die beiden Frauen bewohnten das eine Zimmer, wobei eine von ihnen allerdings auf dem Fußboden liegen musste, während der Hausherr mit mir das andere teilte. In diesem hielten sich außer uns noch die Lieblinge des Wohnungsinhabers, vier riesige Kater, auf. Nun lebten wir von den käuflich erworbenen Lebensmittelkarten, von dem, was bekannte Geschäftsleute uns heimlich abließen, und dem, was Freund Ackermann uns von seiner eigenen schmalen Ration zusteckte. Nur heimlich durften wir das Haus betreten und verlassen, da die übrigen Bewohner und vor allem der Blockwart von unserer Anwesenheit nichts erfahren durften. Rührend wie die Fürsorge dieses Mannes war die seiner Schwester, einer pensionierten Lehrerin, die jedoch nicht mit in seinem

Hans Ackermann, März 1946

Else Ackermann (Schwester von Hans Ackermann, rechts) zusammen mit Johanna Putzrath, 1946

Hause wohnte. Für ihn selbst, der immer kränklich war, bedeutete die Anwesenheit von drei an sich ganz fremden Personen begreiflicherweise eine immer drückendere Einschränkung. Aber er nahm sie auf sich mit großer Liebe und tat alles, um uns ja nichts davon merken zu lassen. Gerade das aber ließ uns immer stärker empfinden, wie er sich für uns aufopferte, und wir waren verzweifelt. Doch alle Einwände wies er zurück. Solange wir keine andere Unterkunft hätten, sollten wir bei ihm bleiben. Alle unsere Bemühungen in dieser Hinsicht aber waren vergeblich. Was uns die Kraft gab, nach jedem Fehlschlag auf immer neue Auswege zu sinnen, war die allgemeine Lage. Es war die Zeit der Kämpfe um Stalingrad, und schon rechneten große Teile der Berliner Bevölkerung mit einem baldigen Zusammenbruch. Diesen Termin mussten wir erreichen, koste es, was es wolle. Jeder gewonnene Tag war für uns eine gewonnene Partie, mochten wir uns auch im tiefsten Elend und jeweils vom Heute bis zum Morgen durchschlagen. Hätten wir damals geahnt, dass dieser so heiß ersehnte Zeitpunkt erst im April 1945 kommen würde, wir hätten sicher nicht den Mut gehabt, den schweren Weg, der vor uns lag, zu betreten. Viel eher hätten wir uns zu dem Entschluss durchgerungen, unserem Leben ein Ende zu machen, durch Selbstgestellung oder Selbstvernichtung.

Eine große Gefahr für unseren Freund und uns alle lag in den ständigen Fliegeralarmen und den Luftangriffen, die wir im obersten Stockwerk dieses leichten Siedlungsbaues überstehen mussten; denn den Luftschutzkeller durften wir, um nicht gesehen zu werden, nicht betreten. Da fand in der Nacht zum 1. März 1943 der erste wirklich schwere Angriff auf Berlin statt. Wie stets saßen wir in der Wohnung, als die Bombeneinschläge immer näher kamen und das Gebäude schwankte und bebte, so dass uns nichts weiter übrig blieb, als in den Keller zu flüchten. Ackermann rettete die Situation, indem er uns den Hausgenossen als Fremde vorstellte, die er eben von der Straße hereingeholt habe.

In der gesamten Umgebung gab es große Zerstörungen und Brände. Auch unsere Wohnung erwies sich nach dem Angriff als ernstlich beschädigt. Obwohl sie vielleicht gerade noch benutzbar gewesen wäre, mussten wir sie dennoch verlassen, weil damals jede beschädigte Wohnung von einer ganzen Anzahl parteiamtlicher Stellen besichtigt wurde und wir damit rechnen mussten, bei einer solchen Gelegenheit mit der Polizei in Berührung zu kommen. Auch die andere Dame, die mit uns bei Ackermann Zuflucht gefunden hatte, musste ihre paar Habseligkeiten packen.

Je weiter der Krieg fortschritt, je ungünstiger die Meldungen von der Front lauteten, namentlich aus dem Osten, desto stärker wurde der Druck des Regimes. Jedem einzelnen saß die Angst vor der Gestapo im Nacken. Ich hatte einen Freund in Berlin, den ich bereits aus den Jahren 1910 und 1911 her kannte. Schon oft hatte er sich unser angenommen. Doch als ich ihm jetzt unsere Lage schilderte, unsere Flucht vor der Gestapo, und eine Hilfe von ihm erbat – es war noch nicht einmal eine Bitte um Unterkunft – verbat er sich jede weitere Belästigung. Die Furcht war zur alles bestimmten Kraft im Leben der Menschen geworden. Was hatten wir noch zu hoffen?

Es goss in Strömen, als wir nun abermals auf der Straße standen, schutzlos in der Riesenstadt, jeder nur eine Aktenmappe mit den notwendigen Toilettengegenständen in der Hand. Wir waren ratloser denn je. Der Weg zu Bekannten war uns versagt. Da erinnerten wir uns an eine Familie in Schöneberg (gemeint ist Familie Krause), die wir nur einmal ganz oberflächlich kennengelernt hatten. Der Mann war jüdischer Abstammung. Auch sie waren sich der Gefahren wohl bewusst, die sie auf sich luden, wollten uns aber wenigstens eine Nacht behalten. Um auf eventuelle Gestapobesuche vorbereitet zu sein, schliefen wir nur halb ausgezogen, ich bei der genannten Familie, meine Frau im gleichen Hause bei dem mit der Familie befreundeten Fräulein Balzer. Ein Nebenausgang – die Wohnung war sehr groß – sollte uns, falls es notwendig wurde, das Entkommen erleichtern. Am nächsten Morgen Fortsetzung der Suche nach einem Unterkommen. Und wieder erfolglos. Sehr verängstigt kehrten wir nach Schöneberg zurück. Man beherbergte uns noch eine zweite Nacht und auf besonderes Drängen von Fräulein Balzer noch eine dritte. Tagsüber waren wir unterwegs und kehrten erst spät abends in der Wohnung ein, aber die Angst vor der Gestapokontrolle machte uns auch die wenigen Nachtstunden, obwohl alle sich bemühten, uns etwas Liebes zu tun, zur Hölle.

Mit Freund Ackermann trafen wir uns mehrere Male an irgendeiner Straßenecke. Bei einem dieser Gespräche fiel uns eine Andeutung ein, die Fräulein Balzer gemacht hatte. Sie habe irgendwo gehört, dass die B.K., die Bekennende Kirche, sich Verfolgter, wie wir waren, annehme. Etwas Greifbareres aber hatte sie nicht in Erfahrung bringen können. Vielleicht war es möglich, Ackermann zu bewegen, bei seinem Pfarrer deswegen vorstellig zu werden. Er tat es ungern und wollte, dass wir lieber selbst fragten, aber wir glaubten, dazu viel zu gefährdet zu sein und hielten es auf jeden Fall für besser, wenn er erst einmal bei seinem Geistlichen ganz behutsam vorfühlte. Nach langem Zureden war er endlich bereit und machte sich auf den Weg zu seinem Pfarrer, Herrn Dr. von Rabenau. Bang und erwartungsvoll irrten wir unterdessen weiter durch die Straßen, ohne dass uns noch irgend etwas einfiel, was sich verwirklichen ließe. Natürlich hatten wir schon früher verschiedentlich gehört, dass Schicksalsgenossen von uns in Berlin verborgen gehalten würden. Doch wie kam man an eine solche Stelle heran? Alle unsere früheren Nachforschungen waren ergebnislos geblieben. So war der Weg unseres Freundes Ackermann unsere letzte Hoffnung. Kehrte auch er mit leeren Händen zurück, so war das Ende unausweichlich und unwiderruflich. Kalter Märzwind fegte durch die Straße, auf der wir, zitternd vor Unruhe, auf und ab spazierten, immer bemüht, ja nicht aufzufallen, um nicht nach einem Ausweis gefragt zu werden. Denn das, was wir besaßen, war mit einem ominösen »J« gezeichnet und teils bei Ackermann, teils bei dessen Schwester versteckt. Nach endlosem Warten sahen wir den Freund auf uns zukommen, und angstvoll such-

Dr. Eitel-Friedrich von Rabenau, Pfarrer in Berlin-Schöneberg, wohl nach 1945

ten wir in seinen Mienen das Ergebnis abzulesen. Er habe Herrn Dr. von Rabenau gesagt, dass er nicht für sich selbst käme, erzählte er, aber nicht den Mut gefunden, anzudeuten, dass es sich um Juden handele. Dr. von Rabenau habe aber alsbald von sich aus diese Frage gestellt und unser Freund hatte aufgeatmet, als ihm so von der anderen Seite über diesen schwierigsten Punkt hinweggeholfen wurde. Dr. von Rabenau versprach, dass er sich sofort persönlich bemühen werde und bestellte

Theodor Burckhardt, Pfarrer in Berlin-Schöneberg, 1965 und seine Frau Bolette, geb. Michelet, dreißiger Jahre

unseren Freund für den Nachmittag noch einmal zu sich. Die Stunden wurden uns zu Ewigkeiten. Ackermann kehrte auch von dieser zweiten Unterredung zurück, leider ohne das erwartete Resultat. Eine Unterkunft war nicht gefunden worden.

Statt dessen erhielten wir drei Anschriften, an die wir uns vertrauensvoll wenden sollten. Die erste war die einer Dame, die in der Nähe des U-Bahnhofes Breitenbachplatz wohnte. Wir trafen sie nicht an, erfuhren aber später, dass sie bereits heimlich Juden bei sich beherbergte und wohl nicht in der Lage gewesen wäre, auch uns noch aufzunehmen. Denn Haus und Wohnung waren schwer beschädigt. Die zweite

Adresse war die des Pfarrers Burckhardt von der Heilbronnenkirche. Er war verreist; die kleine Hoffnung, die wir inzwischen schon geschöpft hatten, begann zu verrinnen. Der dritte Name war der des Pfarrers Dr. Jannasch, der in Dahlem wohnte, sein Arbeitszimmer jedoch in der Goßnerschen Mission in Berlin-Schöneberg besaß. Dort trafen wir ihn an, und stockend und unsicher begannen wir ihm anzudeuten, um was es sich handelte. Die Reaktion war verblüffend. Als ob das etwas ganz Alltägliches wäre, sagte er mit größter Selbstverständlichkeit und Liebenswürdigkeit seine Hilfe zu. Für die selbe Nacht hatte er allerdings nur eine Unterkunft in seinem Amtszimmer oder in der Wohnung eines im gleichen Hause wohnenden Amtsbruders, der erst kurz vorher aus dem Konzentrationslager entlassen worden war. Er war wegen philosemitischer Betätigung verhaftet worden. Trotzdem war er sofort bereit, uns bei sich aufzunehmen. Natürlich mussten wir mit Rücksicht auf seine ohnehin gefährdete Lage ablehnen, und so beschlossen wir, es noch einmal, nur für diese eine Nacht, im Hause von Fräulein Balzer und der dort wohnenden Familie zu versuchen, die uns schon einmal geholfen hatte. Dr. Jannasch hatte uns für den nächsten Tag wieder zu sich bestellt. Obwohl er in der Zwischenzeit alles versucht hatte, musste er uns eröffnen, dass infolge des Bombenangriffes, der auch uns die Unterkunft genommen, die meisten der ihm für die Unterbringung von Juden zur Verfügung stehenden Wohnungen zerstört, beschädigt oder durch Zusammenlegung von Schicksalsgenossen so überfüllt waren, dass sich für uns kein Plätzchen mehr fand. Zu dieser Zeit wurden, wie Dr. Jannasch uns sagte, mehrere tausend Juden in Berlin von der B.K. verborgen,

Dr. Wilhelm Jannasch, im Krieg Pfarrer im Dienst der Bekennenden Kirche in Berlin, o.D.

versorgt und betreut. Er sah unsere Verzweiflung, und obwohl er selbst unter Beobachtung stand – auch er war zu einer Haftstrafe verurteilt, die er noch nicht einmal verbüßt hatte –, bot er uns Nachtquartier in seiner eigenen Wohnung an. Schweren Herzens nur willigten wir ein. Wenn wir irgendeinen anderen Ausweg gewusst hätten, wir hätten die Gefahr, in der er ohnehin schon schwebte, gewiss nicht noch vergrößert. Um sicher zu gehen, durften wir uns seiner Wohnung erst nach Eintritt der Dunkelheit nähern. Draußen regnete und stürmte es und es war unmöglich, sich auf den Straßen aufzuhalten. So zogen wir von einem Lokal in das andere, immer in Angst, bei einer Razzia überrascht und nach Ausweispapieren gefragt zu werden. Endlich war es 22 Uhr. In völliger Finsternis, es brannte ja keine Laterne und die Fenster waren verdunkelt, wurden wir von ihm angesprochen, und so vorsichtig wie möglich führte er uns in sein Haus. Wir hatten bereits die Wohnungstür erreicht, als plötzlich die Treppenbeleuchtung aufflammte. In ihrer Korridortür stand die Nachbarin und interessierte sich offensichtlich sehr lebhaft dafür, wer da noch zu so später Stunde zu Dr. Jannasch käme. Sie galt als eine freundliche Frau, aber mindestens mit Sympathien für die NSDAP. »Bin ich froh, dass ihr den Weg vom Bahnhof hierher allein gefunden habt, nachdem wir euch verpasst haben«, sagte Dr. Jannasch geistesgegenwärtig, als er die Situation übersah. Das war die Atmosphäre von Berlin zu dieser Zeit. Das Misstrauen zernagte die Seelen der Menschen, und die Furcht voreinander trieb sie zu äußerster Vorsicht. Lieb und wohltuend waren der Empfang und die Bewirtung durch Frau Dr. Jannasch, und zum ersten Male wieder vermochten wir einigermaßen ruhig zu schlafen. Am nächsten Morgen aber wurde uns eröffnet, dass trotz aller Mühe der beteiligten Kreise, und die waren nicht klein, ein Unterkommen in Berlin einfach nicht zu finden sei. Man riet uns, nach Pommern zu fahren, von wo eine Mitteilung vorlag, dass man bereit sei, sich verfolgter Juden anzunehmen. Pommern! Ein paar Schnellzugsstunden von Berlin entfernt und doch unerreichbar für Menschen in unserer Lage. Wie sollte man ohne Ausweise dorthin gelangen? Alle Züge wurden polizeilich kontrolliert. Traurig und resigniert lehnten wir ab: dieser Versuch war aussichtslos. Doch Dr. Jannasch erwiderte, dass wir von Gott auf diesen Weg geführt worden seien und nun seiner Führung weiter vertrauen müssten. Die B.K. würde uns nicht fallen lassen. Unsere Angst vor dieser Fahrt ohne Ausweis war riesengroß. Aber wenn wir das Ziel erreichen wollten, das wir uns gegenseitig vor Augen hielten, wenn die seelischen Kräfte zu Ende zu gehen drohten, wenn wir unser Kind noch einmal wieder sehen wollten, dann mussten wir bereit sein, auch das scheinbar Unmögliche zu wagen. Der gütige Zuspruch des Pfarrers tat ein übriges, um uns den Entschluss leichter zu machen. Außerdem gab er uns eine Adresse, durch die es vielleicht möglich sein könnte, falsche Papiere zu bekommen. Das Ergebnis dieses Versuches empfanden wir als schlechten Auftakt und als böses Omen: der Mann war tags zuvor verhaftet worden. Zum letzten Male berieten wir mit Freund Ackermann und fast schien es, als ob es dem herzensguten, kranken Manne doch wohl über die Kraft ging, auch dieses neue Missgeschick mit uns zu tragen. Er machte uns Mut, die Reise anzutreten, und dann tat er, der korrekte ehemalige Beamte, etwas für ihn vielleicht Ungeheuerliches. Er nahm seinen alten, abgelaufenen Postausweis, ersetzte sein Bild durch das meinige und zog den fehlenden Teil des Stempels nach. Dann drückte er uns still die Hand zum Abschied.

Unser Gepäck stand teils bei Freund Ackermann, teils bei einer Dame in Berlin-Charlottenburg. Was wir unbedingt mitnehmen wollten, musste deshalb in Koffer verpackt werden. Den Rest war Freund Ackermann bereit uns nachzusenden, sobald wir erst in Pommern angekommen waren. Wir hatten ja sonst keinen Menschen, den wir einweihen konnten. Er tat es mit der gewohnten unendlichen Liebe und nahm die beschwerlichsten Gänge auf sich, da er in Ermangelung anderer Beförderungsmittel alles selbst zur Bahn und zur Post schleppen musste. Wir selbst brachten unsere Koffer zum Stettiner Bahnhof, lösten Fahrkarten nach Bad Polzin und gaben dorthin auch unser Gepäck auf, nicht ahnend, dass sich das sehr bald als besonderer Glücksumstand erweisen sollte. Eine letzte Übernachtung in Berlin war nötig, doch selbst die bewährten Schöneberger Freunde lehnten es ab, uns noch einmal aufzunehmen. Auch sie schienen am Ende ihrer Nerven zu sein. So versuchte ich es in der Werkstatt eines ihnen bekannten Mechanikers, ebenfalls in Schöneberg, und der war bereit. Auf einem mehr

Wartende Fahrgäste auf dem Stettiner Bahnhof, Berlin

als primitiven Lager dieser Werkstatt verbrachten wir die Stunden, bis es Zeit war zum Aufbruch. Der biedere Handwerker und sein im gleichen Haus wohnender Freund taten alles, um uns diese letzte Nacht so angenehm wie möglich zu machen. Man nötigte uns sogar, die für den Säugling der einen Familie bestimmte Milch zu trinken und steckte uns einige zu dieser Zeit bereits sehr rare Leckerbissen in die Tasche. Um vier Uhr morgens fuhren wir mit der ersten Straßenbahn zum Stettiner Bahnhof, wo sich bereits eine große Menschenmenge vor der Sperre ballte. Eingekeilt in ihr warteten wir, bis der Bahnsteig geöffnet wurde, dann saßen wir im Zug.

Pommersche Wanderung

Der Zug war überfüllt, als er sich endlich in Bewegung setzte. Ein Personenzug, denn D-Zug-Benutzung war wegen der größeren Kontrollgefahr von vornherein ausgeschlossen. Mit dem festen Entschluss, tapfer zu sein und die Ruhe zu bewahren, waren wir zum Bahnhof gefahren. Doch langsam begann die Furcht in uns emporzukriechen, ob und wann der Ruf erklingen würde: »Kriminalpolizei! Ausweise vorzeigen!« Denn dass wir mit Ackermanns Geschenk allen Schwierigkeiten enthoben waren, soweit verstieg sich unsere Hoffnung nicht. Ein geübter Kriminalist würde die Fälschung auf den ersten Blick erkennen. Die Stunden verrannen, doch es geschah nichts. Jedes neue Halten des Zuges riss an den Nerven, jedes neu hinzusteigende männliche Wesen versetzte uns in Angst und Schrecken, da wir in jedem harmlosen Landmann einen Geheimpolizisten zu sehen meinten. Bis gegen 14 Uhr dauerte diese Geduldsprobe, die durch lange Aufenthalte, z.B. in Stettin, noch erschwert wurde. Als kurz vor dem Ziel der Zug infolge eines Maschinendefektes abermals zwei Stunden auf freier Strecke liegen blieb und wir dadurch auf einer Umsteigestation auch noch den Anschluss versäumten, glaubten wir alle widrigen Umstände gegen uns im Bunde und waren überzeugt, dass das Ganze schließlich doch nicht gut gehen könnte.

So erschien es uns als ein unbegreifliches Wunder, als wir endlich, endlich doch an unserem Ziel, Bärwalde in Pommern, eintrafen. Wir wagten es kaum zu glauben, dass der erste Schritt auf dem vor uns liegenden Wege gelungen sein sollte. Aus tiefstem Herzen atmeten wir auf, nahmen unser Handgepäck und strebten dem Ausgang des Bahnhofes zu. Die Freude währte nicht lange: dort stand ein Gendarm. Er sah so

Köslin, Rathaus und Marienkirche, Anfang der zwanziger Jahre

aus, wie der Stift Zilles Berliner Verkehrsschutzmänner zu zeichnen pflegte. Anscheinend war er harmlos, denn er ließ alle Leute unbehelligt an sich vorüberziehen. Doch als ob der Geist des Unheils persönlich seine Hand im Spiele hatte, erwachte er aus seiner Lethargie, als wir uns ihm nahten, und wollte von uns das, was wir nicht besaßen bzw. nur in einer reichlich dürftigen Fälschung: Ausweise. Ob ihm unser Zögern doch aufgefallen war oder ob er nur ihm bekannte Einheimische passieren ließ, das vermochte ich im Drange der Situation nicht zu entscheiden. Jetzt würde sich erweisen, ob Freund Ackermanns Postausweis den Retter in höchster Not spielen konnte. Zu unserem eigenen Erstaunen – er war wirklich mehr als mangelhaft – wurde er nicht beanstandet. Aber das genügte dem Dicken nicht. Glücklicherweise hatte mein Mechanikerfreund in Schöneberg, unser Gastgeber in der vergangenen Nacht, sich aus einem bombengeschädigten Geschäftshause Briefbogen beschafft, womit er mir bescheinigte, dass ich bei ihm beschäftigt und ordnungsgemäß beurlaubt sei, um meine Frau in eine weniger gefährdete Gegend zu bringen. Dagegen war offenbar nichts zu sagen, und zögernd gab der Uniformierte mir das Papier zurück. Allein, jetzt verlangte er zu wissen, zu wem wir denn dann in dieser Gegend wollten. Ich hatte an sich nicht die Absicht, den Namen des Pfarrers zu nennen, schließlich blieb mir aber doch nichts anderes übrig, als es zu tun, wollte ich mich nicht durch Ausflüchte und Herumstottern noch verdächtiger machen. Vor allem begann er jetzt von Verhaftung zu sprechen. Dadurch kam ich so in Erregung, dass ich seine weitere Frage, was wir im Pfarrhaus wollten, brüsk zurückwies, ohne auf die einfachste aller Antworten zu kommen, die ich geben konnte, nämlich die, meine Frau dort unterzubringen. Mittlerweile waren wir nicht mehr allein auf dem Platze. Die gesamte Dorfjugend hatte sich um uns versammelt und eine ganze Anzahl neugieriger Erwachsener dazu. Der Mann fühlte sich im Mittelpunkt einer großen Szene, war andererseits seiner Sache nicht ganz sicher und machte Anstalten, uns mit auf die Polizeiwache zu nehmen. In diesem Augenblick dachte ich an den Gepäckschein, auf dem als Bestimmungsort »Bad Polzin« stand. Ich wies ihm diesen vor und erklärte, dass meine Frau voraussichtlich dorthin zur Erholung gehen werde. Damit gab er sich endlich zufrieden. Trotzdem hatte ich den Eindruck, dass er sich erst bei seiner vorgesetzten Behörde Instruktionen holen wolle, ehe er einen Fehler beging, um uns dann in aller Ruhe im Pfarrhaus – er wusste ja nun, wohin wir wollten – noch einmal zu verhören und wenn der Trick mit dem Ausweis schief ging, gar zu verhaften.

Das Jahr stand im Zeichen des Vorfrühlings, es war der 9. März, aber die Sonne schien so warm und die Aufregung tat ein übriges, dass wir den fünf Kilometer langen Weg nach dem Dorf Wusterhanse in Schweiß gebadet zurücklegten und vor Erschöpfung die Füße ihren Dienst zu versagen drohten. In jeder entgegenkommenden Gestalt, in jedem Radfahrer sah ich schon wieder den Polizisten, von dem ich annahm, dass er den Weg nach Wusterhanse bereits durch eine Umgehung zurückgelegt habe und uns entgegenkam. Außer ein paar Lebensmitteln hatten wir auch Lebensmittelkarten bei uns, selbstverständlich ohne das »J«, mit dem alle unsere bisherigen Papiere gekennzeichnet waren. Wir hatten sie im Schwarzhandel erworben. In unserer Angst glaubten wir, dadurch besonders kompromittiert zu sein und beschlossen, sie unter einem Steinhaufen zu verbergen. In den dunklen Abendstunden hat es dem Pfarrer und mir dann sehr viel Mühe gemacht, diesen Reichtum wieder zu bekommen, da ich den richtigen Steinhaufen nicht wieder herauszufinden vermochte. Körperlich und seelisch in einem wahrhaft elenden Zustand kamen wir in dem etwa

Hochzeit von Martin und Maria Reimer (September 1943). Von links nach rechts: Julie Strecker, Pfarrer Johannes Strecker, Wusterhanse, Maria Reimer, geb. Strecker, und Pfarrer Martin Reimer, Eva Reimer, geb. Rutzen (Mutter von Martin und Karl-Heinrich Reimer), Buslar (heute Polen)

500 Einwohner zählenden Wusterhanse an und wurden von dem Pfarrerehepaar Strecker auf das herzlichste empfangen, obwohl eine Anmeldung natürlich nicht möglich gewesen war. Den Zwischenfall mit dem Gendarm nahmen sie offenbar nicht sehr ernst und versuchten, uns nach Kräften mit dem Hinweis zu beruhigen, dass aus einem in der Nähe befindlichen Gefangenenlager englische Offiziere ausgebrochen seien, nach denen jetzt gefahndet würde. Dass der Dicke uns für solche gehalten hatte, war allerdings wenig einleuchtend.

Sobald wir uns etwas erholt hatten, hielten unsere Gastgeber es doch für ratsam, einen befreundeten Pfarrer, den eigentlichen Spiritus rector unserer Anwesenheit in Pommern, zu Rate zu ziehen. Spät am Abend kam dieser, Pfarrer Reimer, noch aus seinem zwei Stunden entfernten Pfarrort Naseband zu uns herüber. Er war sichtlich erfreut, dass das Manöver geglückt und uns die Flucht aus Berlin gelungen war, riet aber sicherheitshalber doch, den Ort zu wechseln; denn es war ja durchaus möglich, dass der Hüter des Gesetzes eine Meldung an seine vorgesetzte Behörde machte und diese dann nach uns fragte. So brachte man uns bereits in den frühen Stunden des nächsten Tages nach Bad Polzin zu Frau Dr. Goldmund. Diese Dame hatte erst vor kurzem den Grad eines Doktors der Theologie erworben und war eine glühende Anhängerin der Bekennenden Kirche, ihr Mann dagegen, Arzt, ein ebenso begeisterter Verehrer Hitlers. Der Gegensatz dieser Anschauungen hatte die bereits 25 Jahre währende Ehe zerrüttet und zur Scheidung geführt. Unglücklicherweise platzten wir in die gerade jetzt sich abspielenden Vermögensauseinandersetzungen hinein. Hätte der Hitlermann von unserer Anwesenheit im Hause seiner Frau erfahren, so bestand kein Zweifel, dass er dieses Moment mit Nachdruck für sich ausnützen würde. Eine Zeitlang schwankte sie deshalb, ob sie es wagen sollte, uns aufzunehmen oder nicht. Doch nach kurzem Bedenken sagte sie ganz schlicht: »Wenn mir Christus so bedrängte Menschen in mein Haus schickt, so muss ich sie aufnehmen, ganz gleich, welche Folgen das für mich hat.« Nur eine Bedingung stellte sie: Da im Zusammenhang mit der Vermögensauseinandersetzung bauliche Veränderungen vorgenommen werden muss-

Pfarrer Karl-Heinrich Reimer, Naseband (heute Polen), 1941

ten, Handwerker ein- und ausgingen und auch mit dem Auftauchen des Ehemannes gerechnet werden musste, sollten wir in dem uns zur Verfügung stehenden Zimmer eingeschlossen werden. Mit gemischten Gefühlen willigten wir ein. Ein kritischer Augenblick entstand, als einer der Handwerker erklärte, unbedingt dieses Zimmer betreten zu müssen, und sich nicht abweisen lassen wollte. Verwundert darüber, dass ausgerechnet zu einem solchen Raum der Schlüssel nicht zu finden sein sollte, zog er ab. Im übrigen aber wurden wir mit aller Liebe versorgt, und zum Abschied schenkte mir Frau Dr. Goldmund eine Lutherbibel, die mich auf allen weiteren Irrfahrten begleitete und die ich noch heute besitze. Leider musste ich bitten, von einer Widmungsinschrift abzusehen, da ich stets mit einer Festnahme rechnete und man dabei auf diese Weise eine Adresse bei uns gefunden hätte.

Da sich mittlerweile in Wusterhanse während unserer dreitägigen Klausur nichts ereignete, was mit uns in Zusammenhang stand, erschien Frau Pfarrer Strecker abermals in Polzin, um uns zu sich zu

Am linken Rand das Wohnhaus von Dr. Margarete Goldmund, Bad Polzin (heute Polen)

holen. Wir verließen ihr Pfarrhaus trotzdem nur sehr selten und betraten den Ort überhaupt nicht, weil der Ortsgruppenleiter uns auf keinen Fall zu Gesicht bekommen sollte. Die Zeit in Wusterhanse war uns ein wahrer Sanatoriumsaufenthalt. Selten haben wir noch einmal so viel Verständnis für unsere Lage, für unsere Nöte gefunden wie dort. Die Pfarrersleute waren unermüdlich, um uns Gejagte wieder zu Menschen zu machen und uns den Glauben an die Menschheit, den wir in den letzten Jahren unseres Elends verloren hatten, wiederzugeben. Meine Frau, die durch die letzten aufregenden Monate und vor allem durch die vorhergehende jahrelange schwere Fabrikarbeit körperlich und seelisch am Ende war – sie wog damals nur noch 41 Kilogramm –, erholte sich zusehends unter der fürsorglichen Pflege. Wie gern denke ich vor allem an die abendlichen Spaziergänge mit dem Pfarrer, diesem wirklichen Seelsorger zurück, dem es gelang, mich wieder aufzurichten. Auch er hatte bereits eine Haftstrafe verbüßen müssen, und es ist bezeichnend für die Diabolik der Methoden des Regimes, dass man ihn nicht in seinem Heimatorte festnahm, sondern im schlesischen Riesengebirge, als er sich dort gerade zur Erholung befand. Und der Grund der Einkerkerung: er hatte polnische Arbeiter, die bei ihm an einem Gottesdienst teilnehmen wollten, nicht aus der Kirche gewiesen! Kennzeichnend für den Geist des Hauses war auch das Wesen der ältesten Tochter, die sonntags aus Neustettin zu Besuch kam. Damals bereits raunte man sich in Pommern Gerüchte zu von an Juden begangenen Massenmorden, und das junge Mädchen erzählte, wie ein SS-Mann in Neustettin sich damit brüstete, dass er daran persönlich teilgenommen habe. Sie verdammte sein Verhalten, und als ich ihr zu bedenken gab, dass der einzelne mit seiner Weigerung dem Morden sicher nicht hätte Einhalt gebieten können, rief sie mit verzücktem und begeistertem Gesicht: »Dann wäre ich eben als Märtyrer gestorben.«

Der größte Bauer in Wusterhanse war bekannt als Antinazi, da er, wie man sich damals ausdrückte, eine nichtarische Großmutter besaß, und dieser Mann half, uns zu ernähren, nachdem ihn die Pfarrersleute eingeweiht hatten. Auch ein Inspektor auf dem Gut von Heydebreck tat alles, was er uns an Gefälligkeit erweisen konnte. Am vordringlichsten aber war für sämtliche Beteiligten, voran den Nasebander Pfarrer Reimer, das Bemühen, uns weitere Unterkünfte zu besorgen. Zwei Wochen dauerte unser Aufenthalt in Wusterhanse, dann sollten wir erfahren, dass es auch ungern gewährte Hilfe gab, die bitterer war als eine klare Ablehnung. Mit dem Personenzug – durch das gelungene Unternehmen Berlin – Pommern ermutigt, hatten wir damals noch die Nerven, Züge zu benutzen – fuhren wir nach Lenzen. Unterwegs stieg unser schon so oft bewährter Freund Pfarrer Reimer aus Naseband zu uns,

Das Pfarrhaus in Lenzen

wodurch wir ihn bei einer etwaigen Kontrolle als Deckung benutzen konnten. Am Bahnhof Belgard, wo wir den Zug verließen, machte er uns mit unserer zukünftigen Gastgeberin, Frau Pfarrer Borowski aus Lenzen bekannt, die ebenfalls gerade angekommen war. Die Begrüßung verlief sehr förmlich, und der jüngste Sohn des Hauses, ein angehender Theologe, hatte für uns nichts übrig als eine knappe Verbeugung. Der Empfang in Lenzen war der Begrüßung auf dem Belgarder Bahnhof ebenbürtig. Man ließ uns einfach im Hausgang stehen, erinnerte sich unser erst wieder, als wir uns, zitternd vor Scheu, Enttäuschung und Scham, wieder bemerkbar machten, und führte uns in ein Zimmer, das bisher der im Augenblick abwesende ältere Sohn bewohnte. Hier waren Bibelsprüche, Wimpel und alle Embleme des Dritten Reiches traulich vereint. Man verpflegte uns zwar gut, nahm aber sonst von uns keinerlei Notiz. Unsere Niedergeschlagenheit war entsprechend. Nach einiger Zeit kam auch noch der älteste Sohn, Landwirt, Pg. (Parteigenosse), auf Urlaub nach Hause. Ob er wusste, wer wir seien, ließ sich nicht feststellen, aber sein Verhalten war noch frostiger als das von Mutter und Bruder. Der Pfarrer selbst war bereits ein Opfer des Krieges geworden, und der einzige, der im Hause mit uns fühlte, war sein Stellvertreter. Aber auch er stand unter dem Druck der Pfarrfrau, wurde keines nicht unbedingt notwendigen Wortes gewürdigt und glaubte sich in Hörweite der Hausfrau nicht mehr mit uns abgeben zu dürfen, als sie und ihre Söhne es selbst taten. Wir betrachteten es als glücklichen Umstand, dass wir uns nach unserer Erholung in Wusterhanse ein wenig nützlich machen konnten, ich mit ein paar schriftlichen Arbeiten und mit Holzhacken, meine Frau in der Küche. Lange würden wir diese Atmosphäre jedoch nicht aushalten können, und da wir immer deutlicher merkten, dass wir alles andere als gern gesehen waren, riefen wir Frau Pfarrer Strecker in Wusterhanse an und baten sie, uns zu besuchen. Denn am Telefon konnten wir ihr nicht sagen, wie uns zumute war. Wie selbstverständlich erschien sie sofort. Ohne dass wir viel Worte zu machen brauchten, sah sie im ersten Augenblick, dass unseres Bleibens hier nicht länger sein konnte. Vielleicht hatte die Gastgeberin selbst ihr auch unsere baldige Abreise ans Herz gelegt. Ein Anruf aus Wusterhanse beorderte uns nach dem Bahnhof Belgard, wo uns die jüngere Tochter des Hauses Strecker erwartete und uns – wieder nach Wusterhanse brachte. So froh wir einerseits waren, wieder dorthin kommen zu dürfen, so sehr versetzte uns diese Tatsache in Angst und Unruhe. Sie bedeutete, dass es keinen anderen Unterkunftsort für uns gab, dass das Finden von Quartier hier anscheinend auf ebenso große Schwierigkeiten stieß wie in Berlin. Wieder eine Eisenbahnfahrt mit Herzklopfen. Zehn Tage dauerte unser dritter Aufenthalt in diesem Dorfe, da man uns die erste Zuflucht gewährt hatte. Wir fühlten, viele Menschen mühten sich jetzt, uns unterzubringen. Aber niemals hat man uns, auch in späteren Monaten nicht, von den Dutzenden von misslungenen Versuchen erzählt. Wir wussten es auch so. In Kolberg fanden sich zwei hilfsbereite Menschen, aber Kolberg als Badeort hatte verschärfte Meldebedingungen, und gemeldet werden konnten wir ja auf keinen Fall. So zerschlug sich auch diese Aussicht.

Frau Pfarrer Strecker und später auch ihre jüngere Tochter waren persönlich unterwegs, um eine neue Zuflucht ausfindig zu machen. Sie bestellten uns nach Köslin und brachten uns dort in das Haus des Arztes Dr. Knorr. Das Hausmädchen, dem man nicht ganz traute und das nicht eingeweiht werden durfte, musste um unserer Sicherheit willen in Urlaub geschickt werden. Als Ersatz – das Osterfest stand vor der Tür – hatte sich Maria Strecker, die Tochter des Pfarrers, erboten, mit uns

Dr. med. August Knorr und Herta Knorr, geb. Geys, Köslin (heute Polen), 1944

in Köslin zu bleiben, da Frau Dr. Knorr das Haus und mehrere Kinder nicht allein versehen konnte. Wieder die schwere Eisenbahnfahrt, das gepeinigte Sitzen in tausend Ängsten. Da man nicht wollte, dass wir bei hellem Tageslicht das Haus betraten, blieben wir einige Stunden auf dem Bahnhof, nicht ahnend, wie gefährlich der Aufenthalt in Wartesälen war, da diese von Polizeistreifen genau so abgesucht wurden wie die Züge. Im Doktorhaus geleitete uns die Hausfrau in ein im Souterrain gelegenes schönes Zimmer. Dort beabsichtigte sie, uns heimlich, auch vor ihren Kindern verborgen zu halten. Wir setzten ihr auseinander, dass das das Verkehrteste sei, was sie tun könnte; denn je weniger

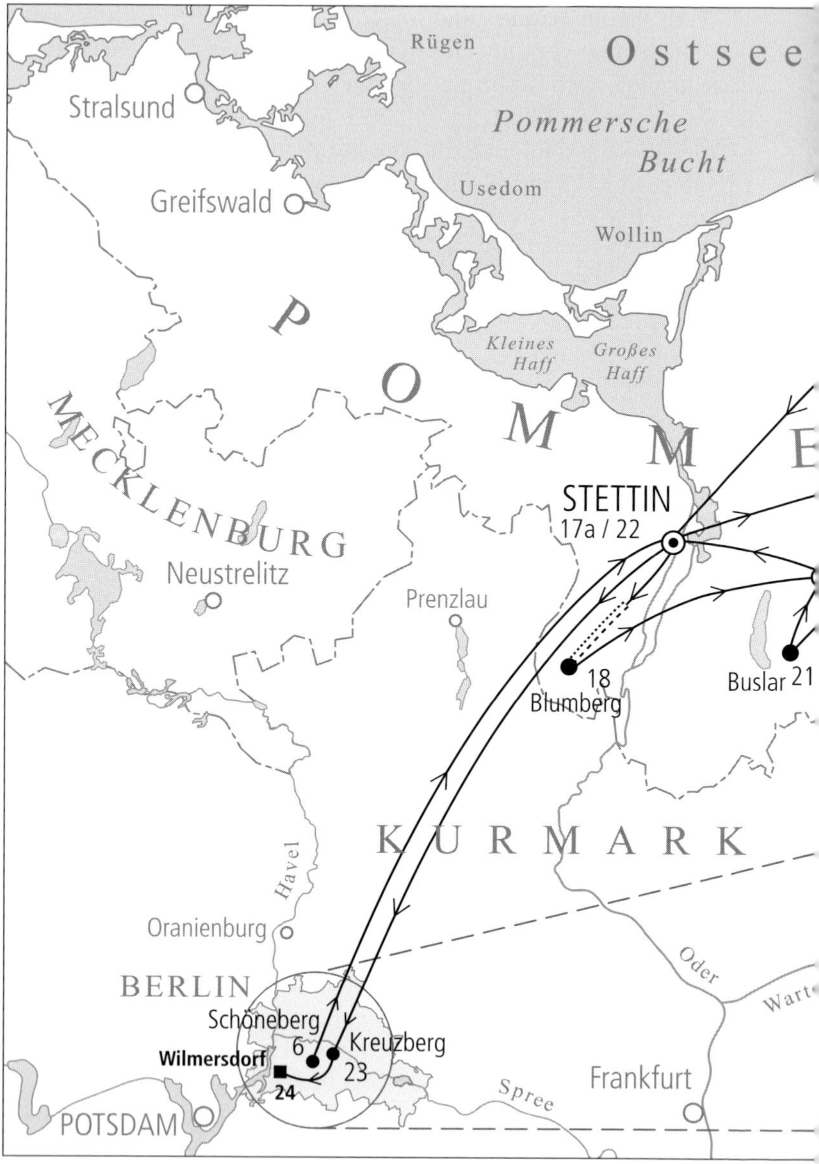
Rügen
Ostsee
Stralsund
Pommersche Bucht
Usedom
Greifswald
Wollin
POMMERN
Kleines Haff
Großes Haff
MECKLENBURG
STETTIN
17a / 22
Neustrelitz
Prenzlau
18
Blumberg
Buslar 21
KURMARK
Havel
Oranienburg
Oder
BERLIN
Schöneberg
6
Kreuzberg
23
Wilmersdorf
24
Spree
Frankfurt
POTSDAM

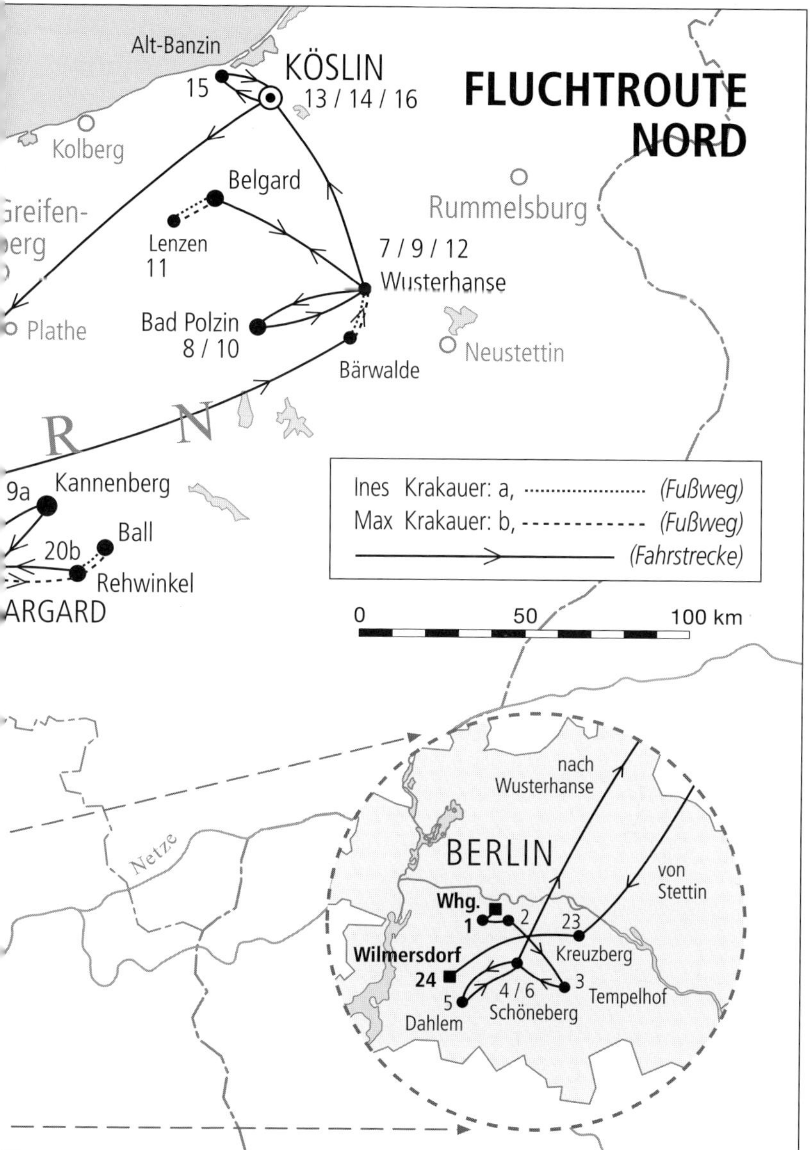
FLUCHTROUTE NORD
Alt-Banzin
KÖSLIN
15
13 / 14 / 16
Kolberg
Belgard
Greifen-
berg
Lenzen
11
Rummelsburg
7 / 9 / 12
Wusterhanse
Plathe
Bad Polzin
8 / 10
Bärwalde
Neustettin
Kannenberg
9a
Ball
20b
Rehwinkel
ARGARD
Ines Krakauer: a, (Fußweg)
Max Krakauer: b, (Fußweg)
(Fahrstrecke)
0
50
100 km
Netze
nach
Wusterhanse
BERLIN
von
Stettin
Whg.
1
2
23
Kreuzberg
Wilmersdorf
24
4 / 6
3
Tempelhof
5
Dahlem
Schöneberg

Fluchtroute Nord

Nr.		Datum	Person	Ort
	Berlin			
1.	**1943**	29. Januar	Martha Edelstein	Schlüterstraße 25
2.		30. Januar	Frieda Löwenstein	Schaperstraße 11
3.		31. Januar–1. März	Hans Ackermann	Berlin-Tempelhof Alboinstraße 49
4b.		2.–6. März	Familie Krause	Berlin-Schöneberg Hauptstraße 17
4a.		2.–6. März	Frl. Balzer	Berlin-Schöneberg Hauptstraße 17
5.		7. März	Dr. Wilhelm und Elisabeth Jannasch	Berlin-Dahlem
6.		8. März	Bruno Maniszewski (Mechaniker)	Berlin-Schöneberg
	Pommern			
7.		9. März	Pfarrer Johannes und Julie Strecker	Wusterhanse
8.		10.–13. März	Frau Dr. Margarete Goldmund	Bad Polzin
9.		14.–28. März	Pfarrer Johannes und Julie Strecker	Wusterhanse
10.		Hier fehlen drei Tage		
11.		1.–10. April	Pfarrwitwe Charlotte Borowski	Lenzen
12.		11.–21. April	Pfarrer Johannes und Julie Strecker	Wusterhanse
13.		22. April–5. Mai	Dr. August und Herta Knorr	Köslin
14.		6.–20. Mai	Familie Rudnik (Beamte)	Köslin
15.		21. Mai–4. Juni	Familie Milke (Bauern)	Alt-Banzin
16.		5. Juni	Dr. August und Herta Knorr	Köslin
17a.		6. Juni	Pfarrer Fritz Onnasch (?)	Stettin (wg. Gespräch mit Frau Dr. N.)
18.		6. Juni–ca. 5. Juli	Pfarrer Karl-Ernst und Hedwig Wendt	Blumberg
19a.		6.–19. Juli	Frl. Helene und Ilse von Wedel	Kannenberg
20b.		6.–26. Juli	Pfarrhaus Johannes Frank	Rehwinkel
21a.		20.–26. Juli	Pfarrwitwe Eva Reimer	Buslar
22.		26.–28. Juli	Pfarrer Helmut Guddas oder Fritz Onnasch	Stettin
	Berlin			
23.		28.–31. Juli	Frau Caspar	Berlin-Kreuzberg
24.		1.–7. August	Pfarrer Theodor und Bolette Burckhardt	Berlin-Wilmersdorf

geheimnisvoll wir uns bewegten, desto weniger würden neugierige Augen und Ohren auf uns aufmerksam werden. Noch sehr oft sind wir später auf solche Absichten gestoßen. Als Dr. Knorr uns begrüßte, schloss er sich unserer Auffassung an, und so wurden wir fortan, da das das Unauffälligste war, wie Besuch im Hause behandelt, und nur, wenn eine größere Anzahl Fremder kam, blieben wir in unserem Zimmer. Dr. Knorr war leitender Arzt des dortigen evangelischen Krankenhauses und gleichzeitig Leiter einer christlichen Gemeinschaft. Missliebig und in Ungnade bei der Partei, war er bei Kriegsausbruch selbstverständlich als einer der ersten eingezogen worden, als Unterarzt. Da er nicht mehr zu den Jüngsten zählte, gelang es den örtlichen Stellen, seine Rückkehr nach Köslin durchzusetzen. Da er aber, von der Partei gemaßregelt, nicht befördert werden durfte, blieb er Unterarzt. Es ging eben nicht nach dem Können, sondern nach der Gesinnung. Bei seinen Kranken und Verwundeten waren er, seine Frau und seine Kinder so beliebt, wie es Menschen nur sein können. Vor allem die Kinder erhielten von den Soldaten, meist Bauernsöhne dieser Gegend, so reiche Geschenke an Lebensmitteln, dass es nicht schwer war, uns mit zu ernähren. Sogar in unserem nächsten Quartier, bei einem allein stehenden, älteren, pensionierten Beamtenehepaar, konnte fast unsere gesamte Verpflegung vom Doktorhaushalt geliefert werden, so dass sich sogar dort ein kleiner Überfluss bemerkbar machte. Eine Woche hatten wir so im Haushalt Dr. Knorrs verbracht, als die Wusterhansener Pfarrerstochter heimkehren musste, und eine Freundin der Hausfrau, die im Burckhardt-Haus in Berlin an einem Kursus teilnahm, wurde als Ersatz nach Köslin beordert. Meine Frau übernahm in der Zwischenzeit allein die Küche, und ich fand im großen Garten genügend Arbeit.

Ohne Zwischenfall und Schrecksekunden ging jedoch auch der angenehmste Aufenthalt nicht ab, soweit man in unserer Lage überhaupt von angenehm sprechen konnte. Wir waren bereits angekleidet, um das Haus zu verlassen, als die Klingel ertönte. Im Türrahmen stand der Blockwart. Er erkundigte sich, ob etwa Evakuierte anwesend seien, die noch nicht gemeldet wurden. Wir erbleichten. Sie suchten uns! Wer verfolgt wird, sieht hinter jedem Baumstumpf einen Verfolger. In jenen Tagen kam es oft vor, dass die Menschen aus größeren Städten nach

Luftangriffen – Stettin war kurz vorher schwer bombardiert worden – Hals über Kopf in kleine Orte flüchteten, ohne sich abzumelden oder sonst zu hinterlassen, wohin sie gingen. Die Behörden der brennenden Städte standen dann hilflos vor der Aufgabe, festzustellen, wer den Angriffen zum Opfer gefallen und wer nur abgereist war. Auch wir waren sehr oft als Bombengeschädigte ausgegeben worden, sehr gegen unseren Wunsch. Denn wir hatten kein Verlangen danach, auf diesem Umweg die Neugierde oder gar die »Betreuung« der Ortsgruppe heraufzubeschwören. Es gelang uns, den Besuch zu spielen, der sich eben verabschiedete, und der Mann ging ohne Argwohn davon.

Das bereits erwähnte Beamtenehepaar wohnte in einem Mietshaus mit mehreren anderen Parteien zusammen, und der Hausherr war ängstlich darauf bedacht, unsere Anwesenheit zu verheimlichen. Eine verständliche Vorsicht, denn abgesehen von den sonstigen Schwierigkeiten mit Partei und Staat hätte ihn das Ruchbarwerden seines »schändlichen« Handelns vor allem seine schwer verdiente Pension gekostet. Die Hausfrau dagegen versuchte die Überängstlichkeit ihres Mannes dadurch zu verwischen, dass sie uns sogar ohne jede Hemmung mit auf Ausflüge in die nähere Umgebung nahm. Trotzdem hatten wir gar manche schwere Stunde. Wir wussten ja viel zu gut, was diese alten Leute um unsretwillen auf sich nahmen.

Wir mussten weiter. Auf einem Bauernhof in Altbanzin hatte uns Dr. Knorr bei einem Mitglied seiner kirchlichen Gemeinschaft eine neue Unterkunft besorgt. Er brachte es fertig, uns dazu selbst mitsamt unserem Gepäck zur Bahn zu fahren. Der Hof der Bauernfamilie Milke, etwa 130 Morgen groß, gehörte dem im Felde stehenden Sohn des Altbauern, unseres jetzigen Gastgebers, der die Zügel wieder in seine Hand genommen hatte. Wir wohnten im Hof bei der Schwiegertochter, die sich aber nicht sonderlich um uns kümmerte. Gegessen wurde beim Altbauern, der in der Nähe mit seiner zweiten Frau eine Zweizimmerwohnung besaß. Die Lebensmittel lieferte der Bauernhof. Hier gab es eine neue Nuance zu überwinden. Die Frau des Alten durfte nicht erfahren, wer wir waren, denn das Verhältnis zwischen beiden war zu gespannt, als dass er ihr unser Geheimnis anvertrauen konnte, ohne sich und uns und alle in Gefahr zu bringen. Schwierige Situationen entstanden ohnehin genug, da die Frau überall von dem Berliner Besuch herumzählte, der noch nicht einmal Lebensmittelkarten besaß! Dieses Stichwort muss wohl auch den Bürgermeister des Ortes neugierig gemacht haben, aber bei der Stellung des Hofbesitzers hatte er Hemmungen, direkt vorzugehen. So schickte er nicht seinen Landjäger, sondern zunächst als Vorhut einmal dessen Frau, die sich »unauffällig« gesprächsweise genauer nach uns erkundigen sollte. Anscheinend stellte sie mit den ihr gegebenen Auskünften die Auftraggeber zufrieden, denn sie haben sich von da ab nicht mehr um uns gekümmert. Auf dem Hof fand ich genügend Arbeit, jede helfende Hand war willkommen, und für eine Frau gab es selbstverständlich ebenfalls genug zu tun.

Unerwartet und zu unserer großen Freude erschien eines Tages Frau Pfarrer Strecker aus Wusterhanse auf dem Hof, um uns zu besuchen. So herzlich war das Wiedersehen, dass wir gar keine Zeit hatten, uns Gedanken über die möglichen Gründe ihres Kommens zu machen. Sie war mittlerweile für uns in Berlin gewesen, eine damals bereits ziemlich beschwerliche und wegen der zunehmenden Fliegerangriffe nicht ungefährliche Fahrt, um uns das zu beschaffen, was unsere allergrößte Sorge war: Ausweispapiere. Auch diesmal erfolglos. Unsere Trauer wurde überdeckt durch das Gefühl der Rührung über die Mühe, die sich diese Menschen um uns machten. Den Hauptzweck ihres Besuches brachte sie indes nicht über die Lippen. Davon erfuhren wir erst einige Tage später in Köslin, wohin uns eine Aufforderung Dr. Knorrs zurückrief. Wir ahnten nichts Gutes bei dieser unmotivierten Aufforderung, und was wir im Grunde unseres Herzens dumpf gefühlt und was wir doch immer wieder aus dem Kreis unserer Gedanken verbannt hatten, traf ein. Vorsichtig versuchte Dr. Knorr uns beizubringen, dass es Frau Strecker, ihrer Familie und allen Freunden – der Nasebander Pfarrer war inzwischen Soldat geworden – nicht gelungen sei, weitere Unterkünfte für uns zu finden. In Pommern hatten wir kein Quartier, keine Zuflucht mehr zu erhoffen. Schweren Herzens könne man uns deshalb nur anheim stellen, nach Berlin zurückzukehren. Ein Keulenschlag hätte uns nicht vernichtender treffen können als diese Nachricht. Der Gedanke »Zurück nach Berlin!« war so absurd, dass alles in uns sich dagegen sträubte, ihn überhaupt zu denken. So musste einem

Verurteilten zumute sein, der, einmal bereits in letzter Stunde entflohen, zum zweiten Male zum Richtplatz geführt wird.

In unserem verzweifelten Grübeln fiel uns eine Bekannte der Familie Strecker in Stettin, Frau Dr. N., ein, aber eine direkte Verbindung mit ihr aufzunehmen war nicht ratsam, denn Telefongespräche wurden abgehört. So mussten wir abermals Familie Strecker in Bewegung setzen und sie bitten, in Stettin anzusagen, dass einer von uns zu einer Unterredung käme. Da ein Mann bei den verschärften Zugkontrollen immer gefährdeter war, fuhr meine Frau alleine ab, in tausend Ängsten um uns beide, denn nun wusste keiner, was dem anderen geschah. An Freund Ackermann in Berlin hatten wir bereits geschrieben, dass es mit unserem Aufenthalt in Pommern zu Ende sei. Er telegrafierte ab, da er infolge Krankheit sich nicht mehr um uns kümmern könne. Nach drei bangen Tagen endlich lief ein weiteres Telegramm ein, das mich mit unserem Gepäck nach Stettin bestellte. Wieder das Grauen vor einer vielstündigen Fahrt, aber mir blieb keine andere Wahl. Gefasst und im Vertrauen auf die Hilfe Gottes stieg ich in einen im Morgengrauen abgehenden Zug. Unbehelligt und wie von einem Alpdruck befreit traf ich in Stettin ein, doch nur, um am Bahnhof zu erfahren, dass wir nach Blumberg bei Casekow müssten, zum Pfarrer Wendt. Also abermals Bahnfahrt, deckungslos dem Zugriff der Polizei ausgesetzt. Vom Bahnhof Casekow nach dem fünf Kilometer entfernten Blumberg gab es keine Fahrmöglichkeit, so dass wir wieder unsere Koffer bei glühender Hitze über die Felder schleppen mussten. Bei der ersten Unterhaltung mit dem Pfarrersehepaar gab es eine beiderseitige Überraschung. Man hatte zwar vor einiger Zeit von Stettin aus wegen der Unterbringung für zwei obdachlose Menschen verhandelt, doch jetzt fielen unsere Gastgeber aus allen Wolken, als sie erfuhren, dass wir Juden seien. Davon war keine Rede gewesen. Die Herzlichkeit der Aufnahme ließ uns das Ungewöhnliche der Situation bald vergessen, und der Aufenthalt in Blumberg zählt zu den erfreulichsten unserer langen Wanderschaft. Der Ort besaß nur zwei Bauern. Alle übrigen Einwohner waren auf dem Rittergut beschäftigt. Der Gutsbesitzer war wohl über uns orientiert, nahm aber offiziell keine Notiz von uns. Die Ernährung machte zwar zunächst Schwierigkeiten, aber Hilfsbereite brachten Lebensmittel ins

Haus, so dass wir keine Not litten. Die Mesnersfrau zum Beispiel, deren Mann Soldat war und der ich ab und zu im Garten helfen konnte, gab uns oft das eine oder andere für unseren späteren Berliner Aufenthalt – sie wusste ja nicht, dass wir Flüchtige waren –, was wir dann unsererseits unseren Berliner Freunden schicken konnten. Pfarrer Wendt, ein vielbeschäftigter Mann, war des Glaubens, es müsse und müsse doch gelingen, für uns einen Weg ins neutrale Ausland zu finden. Doch so

Pfarrer Karl-Ernst Wendt und Frau Hedwig Wendt, geb. Zöllner, Blumberg

sehr er sich bemühte, Reisen deshalb nach Hamburg usw. unternahm, es war alles vergeblich. Immer ernster wurde dabei zugleich das Problem, weitere Quartiere für uns zu finden. Nur noch eine Aussicht gab es jetzt, und zwar bei Pfarrer Frank in Rehwinkel. Er verhehlte mir nicht, dass er neugierige Parteimitglieder im Orte fürchtete und lieber versuchen wolle, in Ball, einem Nebenort seines Seelsorgebezirkes, wo ein Viehhändler mit einer jüdischen Frau verheiratet war, für uns zu werben. Es schlug ebenfalls fehl, und wir mussten fast fünf Wochen in Blumberg bleiben, hin- und hergerissen von dem Wunsche einerseits, noch bleiben zu dürfen und nicht wieder hinausgestoßen zu werden in die Schutzlosigkeit, zum anderen von der harten Notwendigkeit, wieder zum Wanderstab zu greifen. Denn länger als zwei, höchstens drei Wochen an einem Ort sich aufzuhalten, war sehr riskant. Die allgemeine Arbeitspflicht war inzwischen eingeführt worden, und das hätte für unsere Gastgeber und Freunde bei längerem Bleiben neue Nachfragen ergeben können. Schließlich erbot sich das Pfarrhaus Frank doch, mich aufzunehmen, aber nur mich allein, während meine Frau zu zwei älte-

Helene von Wedel (links), Ilse von Wedel (rechts), Kannenberg (heute Polen), o.D.

ren, unverheirateten Damen nach Kannenberg bei Freienwalde kommen sollte. In Stargard trennten sich deshalb unsere Wege; mit Kleinbahnen und zu Fuß traf ich in Rehwinkel ein. Meine Frau bekam ihre beiden Damen außerhalb der Mahlzeiten kaum zu Gesicht. Sie trug daran besonders schwer, denn auf einem so schweren Wege wie dem unsrigen ist es mit körperlicher Fürsorge nicht getan, auch Seele und Gemüt schreien nach einer Stütze. Der Besitzer des Gutes, auf dem die beiden wohnten, nahm von dem Besuch überhaupt keine Notiz, und wir haben nie feststellen können, ob er überhaupt wusste, wen er da im Haus hatte. Das Rehwinkler Pfarrhaus, in dem ich drei Wochen bleiben durfte, war das einzige, das ich kennen lernte, in dem noch eigene Landwirtschaft betrieben wurde. Sogar Pferde wurden selbst gezüchtet, und wenn der pommersche Winter mit seinen Schneemassen kam, erschien der Pfarrer hoch zu Ross in den verstreuten Gemeinden seines Bezirkes zum Gottesdienst. Arbeit in Feld und Garten, oft gemeinsam mit dem Pfarrer selbst, gab es genug. Vor allem aber musste ich Gänse hüten. Die Herde war ziemlich groß und ihre einzelnen Exemplare für die Pfarrhäuser in größeren Städten als Weihnachtsbraten bestimmt; bereits damals nahm sich dieses Pfarrersehepaar der darbenden Amtsbrüder in den Städten an. Erholungsbedürftige Geistliche mit ihren Frauen waren fast stets im Hause, und ein großer Teil der selbst erzeugten Lebensmittel wurde als Liebesgaben versandt. Im Nachbarort Ball machte ich eines Sonntags bei dem in Mischehe lebenden Paar Besuch und musste den ganzen Tag über bleiben. Leider war ein längerer Aufenthalt unmöglich, so gerne sie es getan hätten, da das Haus zu sehr im Blickpunkt der Parteistellen lag und das Auftauchen eines Ortsfremden leicht unangenehme Nachforschungen mit sich bringen konnte. Besonders gelegen kam mir, dass ich dort ein paar derbe pommersche Schuhe eintauschen konnte, denn in dieser Beziehung waren wir denkbar schlecht ausgerüstet. Auch später hat uns der brave Viehhändler noch manches Mal mit Lebensmitteln geholfen.

Während meine Rehwinkler Zeit langsam zu Ende ging, war meine Frau nach Buslar bei Pyritz übergesiedelt. Auch dort setzten neue Bemühungen um Ausweispapiere ein, mit dem gleichen niederschmetternden Ergebnis. Nun schien es tatsächlich so weit zu sein, dass sich keine rettende Tür mehr für uns öffnete. Pfarrer Guddas in Stettin nahm dies zum Anlass, mich zu sich zu bestellen, und als Rettung in höchster Not bot er mir an, in seiner eigenen Wohnung zu bleiben – bei ihm, der von den Instanzen des Dritten Reiches in Ostpreußen seines Amtes enthoben worden war und der auch jetzt in Stettin bei der oberen Kirchenbehörde nur nichtseelsorgerischen Dienst tun durfte, vom Sicherheitsdienst besonders überwacht. Eine Situation, die für alle Beteiligten geradezu beängstigend war. Mehr als einmal begab er sich für uns auf Reisen, aber ich wurde das Gefühl nicht los, dass ihm an unserer Anwesenheit in Pommern nicht viel gelegen war, nicht aus egoistischen Gründen, sondern weil er darin eine Gefahr für die ganze Kirche erblickte. Äußerlich jedoch ließ er sich nie anmerken, was er im Innersten dachte. Es dauerte auch nur ein paar Tage, bis er mir eröffnete, dass er und seine Freunde jetzt wirklich keine Unterkunft mehr für uns hätten; zu viel Bombengeschädigte seien inzwischen von Rhein und Ruhr in Pommern eingetroffen. Es helfe alles nichts, wir müssten zurück, zurück nach Berlin. Meine flehentlichen Einwendungen, dass das ein Todesurteil sei, dass wir dort keinen Menschen hätten, auf den wir rechnen konnten, keine Hilfe, auf die sich hoffen ließ, wies er zurück mit der Begründung, was anderen in gleicher Lage möglich sei, müsse auch mir gelingen. Meine Frau wurde von Buslar nach Stettin beordert und war von ihrer Pfarrfrau noch in der Meinung bestärkt worden, dass es sich nur um einen Wechsel der Unterkunft handele.

In überstürzter Eile ging deshalb der Aufbruch vor sich. Starr vor Entsetzen stand sie auf dem Bahnsteig, als ich ihr statt eines freudigen Willkommensgrußes das Urteil eröffnen musste: »Zurück nach Berlin.« Pfarrer Guddas versah uns noch mit etwas Geld und einer einzigen Adresse, die einer ehemaligen Stettinerin, jetzt in der Krausenstraße in Berlin. Schließlich mit dem Rat, uns an eine Vikarin Härter in Ebersbach zu wenden, wenn wir sonst nicht mehr wüssten, wohin. Ein letztes Nachtquartier in Stettin, und wieder saßen wir im Zug bei glühender Hitze, und wieder ohne Ausweise. Doch unsere Angst war bereits zur Apathie verflacht. Was tat es schon, ob sie uns jetzt auf der Reise fingen oder ein paar Tage später im erbarmungslosen Berlin. Alles bisherige Bangen, Wagen und Kämpfen war ja sinnlos gewesen, wir würden dem uns bestimmten Schicksal, dem Schicksal schon so vieler unserer Angehöriger und Freunde nicht entgehen. Unser Lebensmut war an seinem tiefsten Punkte angekommen. – Da flog ein Gerücht durch den Zug. Irgendeiner hatte es aufgefangen, und einer sagte es dem anderen weiter: Mussolini sei gestürzt worden. Für uns ein Fingerzeig Gottes. Sollte auch das Ende des Dritten Reiches nahe sein? Wir mussten bis dahin aushalten. Wir wollten aushalten.

Panik

Der Platz vor dem Stettiner Bahnhof in Berlin glich einem Ameisenhaufen. In hellen Scharen hasteten die Menschen durch die glühende Sonne des späten Nachmittages und drängten in die Hallen und zur S-Bahn. Die ersten Abendblätter versuchten der Reichshauptstadt die bittere Nachricht verständlich zu machen, von der wir bereits unterwegs gerüchtweise gehört hatten. Unterschiedlich war die Reaktion der Passanten, wenn ihr Blick die Schlagzeilen traf, erschreckt, nachdenklich, gleichgültig und hier und da auch spöttisch. Doch eine gereizte Stimmung lag über dieser ganzen Emsigkeit. Unser eigenes inneres Befinden hatte sich gebessert, wir waren zuversichtlicher als bei der Abfahrt am frühen Morgen, wenn sich auch noch immer oder abermals abgrundtief vor uns die Frage auftat: Wohin? Obwohl wir uns schon während der Fahrt stundenlang das Gehirn hierüber zermartert hatten, fiel uns nichts weiter ein, als es abermals bei Familie Krause in Schöneberg zu versuchen. Doch die Dinge hatten sich seit unserem ersten Verschwinden gewandelt, und nicht zum Besseren. Die Judenverfolgungen waren noch verschärft worden und hatten inzwischen auch die in Mischehe lebenden übergegriffen. Diese Sorge schien auch der sonst so resoluten Frau Krause die Kraft genommen zu haben, uns noch einmal, nur eine einzige Nacht, bei sich zu beherbergen. So blieb nur die sehr vage Hoffnung, dass uns Frau Caspar in der Krausenstraße, die Stettinerin, vielleicht aufnehmen könne. Diese hatte zwar eine Freundin im Haus, der sie sich nicht offenbaren durfte, aber ihre 15-jährige reizende Tochter wurde eingeweiht. Sie erklärten uns nach außen hin als Bombenflüchtlinge und wir wurden, wie fast überall bisher, nicht nur mit großer Herzlichkeit aufgenommen, sondern zum Teil sogar verpflegt, was für Berliner Verhältnisse etwas heißen wollte. Bald stellte sich heraus, dass es Frau Caspars jüdischem Mann gelungen war nach Südamerika zu entkommen und dass sie ein uns befreundetes Ehepaar, einen früheren Direktor der Dresdner Bank, den sie bereits vor einiger Zeit nach Theresienstadt abtransportiert hatten, gut kannte. So fühlten wir uns bei ihr besonders geborgen, obwohl wir nur spät abends kommen durften und schon am frühen Morgen wieder gehen mussten. Wir lebten von regulären Lebensmittelkarten, einem Abschiedsgeschenk unserer pommerschen Freunde. Von Tag zu Tag aber wurde Frau Caspars Freundin neugieriger, so dass es uns nach knapp einer Woche ratsamer schien, uns für immer zu verabschieden. Für alle Fälle hatte mir der Rehwinkler Pfarrer noch die Adresse einer Verwandten mitgegeben, die uns aber nicht aufnehmen konnte, da das freie Zimmer, das der Pfarrer im Auge gehabt hatte, inzwischen von der Behörde beschlagnahmt worden war. Obwohl es uns schien, dass es bei etwas gutem Willen möglich gewesen wäre, uns in dem großen Mietshause Obdach zu gewähren, schlichen wir von dannen. Unsere Stimmung war wieder am Tiefpunkt angekommen.

Als ob wir einen Kreislauf schließen wollten, hielten wir es für nützlich, noch einmal bei Pfarrer Dr. von Rabenau vorzusprechen, dem Ausgangspunkt unseres Weges als Schützlinge der Kirche. Da er uns zwar geldlich, aber sonst gar nicht helfen konnte, sah uns auch Pfarrer Dr. Jannasch zum zweiten Male bei sich. Er war maßlos erstaunt, als wir bei ihm eintraten, denn erst vor kurzem hatte er, wie er uns erzählte, einige Mecklenburger Adressen nach Stettin gegeben, die uns übermittelt werden sollten. Mein Gefühl über die wirklichen Absichten des dortigen Pfarrers Guddas hatte mich also nicht getäuscht. Aber jetzt war es zu spät, und der flüchtig hingeworfene Gedanke, noch einmal dahin zurückzukehren, erschien uns als eine zu tollkühne Herausforderung des Schicksals. Am liebsten hätte Dr. Jannasch uns bei sich selbst behalten, aber das erwies sich als erst recht unmöglich, denn das Gerichtsverfahren gegen ihn war wieder aufgelebt, man suchte wahrscheinlich nach anderen und gewichtigeren Gründen gegen ihn, so dass unsere Anwesenheit bei ihm gerade das gewesen wäre, was das System noch brauchte, um ihm den Strick zu drehen. Er wies uns statt dessen an Pfarrer Burckhardt von der Heilbronnenkirche, bei dem wir zwei Adressen erhielten, unter anderem die einer Frau Dr. Fr., einer Christin, deren jüdischer Mann noch mit schwerer Arbeit in einer Fabrik beschäftigt war. Außer ihrer Gartenlaube, einige hundert Meter von der Wohnung entfernt, besaß sie jedoch kein Plätzchen, das sie uns hätte anbieten können. Da in der Nähe dieses Asyls Leute wohnten, die uns kannten, mussten wir schweren Herzens von uns aus verzichten. Frau Pfarrer Burckhardt verschaffte uns daraufhin in einer ihr bekannten Pension in der Motzstraße ein Zimmer. Als wir eintrafen, wurde es gerade besetzt. In der Nacht vorher hatte der erste schwere Angriff auf Hamburg stattgefunden, und Verwandte der Pensionsinhaberin kamen halbtot von dorther an, hinter deren Rechten wir zurückstehen mussten.

In diesen Stunden platzte eine neue Sensation in die fiebernde Nervosität Berlins. Der Gauleiter, Dr. Goebbels, forderte alle Frauen, Kinder, überhaupt alle Nichtberufstätigen auf, die Stadt zu verlassen, da mit schweren Luftangriffen gerechnet werden müsse. Schon in den vorhergehenden Wochen hatten die Berliner gesehen, wie hohe Funktionäre der Partei mit Möbelwagen und allem Zubehör sich selbst samt ihren Familien in Sicherheit brachten. Die Unruhe bei diesem kaum noch getarnten Verschwinden der so genannten Führungsschicht war beträchtlich gewesen, doch nichts im Vergleich zu dem, was jetzt einsetzte, eine Panik von gewaltigen Dimensionen. Wenn der alles beschönigende Goebbels, der doch sonst alles als in bester Ordnung befindlich schilderte, zur Abwanderung aufforderte, dann musste es schlimm stehen. Zehntausende ballten sich vor den Personen- und Güterbahnhöfen. Wir überlegten, wie sich diese Situation für uns ausnützen ließe. Obwohl auch Frau Pfarrer Burckhardt, der wir unser Erlebnis in der Motzstraße schilderten, sich bemühte, wenigstens die Habe ihrer Kinder nach auswärts zu versenden, wobei die ganze Familie vollauf beschäftigt war, denn das Aufgeben eines Gepäckstückes dauerte viele Stunden, fand sie genügend Zeit, sich unserer anzunehmen. Dabei gerieten wir doch wirklich als Wildfremde in ihren Sorgenkreis hinein. Die einzige noch im Hause befindliche Tochter wurde allerdings aus dem Spiel gelassen, um sie bei einem eventuellen Zwischenfall nicht mit zu belasten. Uns Obdach zu gewähren, bezeichnete sie als ihre selbstverständliche

Pflicht. Sie baten uns nur, was wir schon kannten, tagsüber nicht in der Wohnung zu bleiben, sondern möglichst erst nach Einbruch der Dunkelheit zu kommen. Auch das war mittlerweile zu einem schwer zu bewältigenden Problem geworden. Alle Welt war im »Arbeitseinsatz«, und es war schon nahezu unmöglich, dass zwei einzelne Leute, die unbeschäftigt herumsaßen, nicht auffielen. Rast- und ruhelos trieben wir uns deshalb in allen Stadtteilen Berlins und in der Umgebung umher, immer darauf bedacht, nicht zweimal an der gleichen Stelle gesehen zu werden. Auch länger als eine halbe Stunde in einer Gaststätte zu bleiben, war gefährlich; selbst das Personal hätte die »Drückeberger« argwöhnisch beäugt, ganz zu schweigen von der Polizei, die in ununterbrochenen Razzien Lokal um Lokal durchsuchte. Und draußen? Beinahe noch schlimmer! Denn wer konnte es sich leisten, werktags Ausflüge zu machen?

Unsere Koffer standen noch immer auf dem Stettiner Bahnhof. Jeder zu wechselnde Kragen, jedes Taschentuch, jedes Stück Wäsche musste dort geholt, die gewechselten Stücke am nächsten Tage wieder hingebracht werden. Bei dem ungeheuren Andrang auf den Berliner Bahnhöfen eine wahrhaft unsinnig anmutende Anstrengung für solche Nebensächlichkeiten. Eine Woche verbrachten wir in dieser brodelnden Atmosphäre bei dem Ehepaar Burckhardt. Alle, mit denen wir darüber sprachen, rieten uns dringend, die große Flucht aus Berlin ebenfalls zu benutzen, um unangetastet hinauszukommen, zum mindesten bis Ebersbach, zu der Adresse, die man uns ebenfalls in Stettin gegeben hatte. In der Zwischenzeit hatten wir jedoch unseren eng befreundeten alten Zahnarzt Dr. von Malinowsky wieder gefunden, der ebenso erfreut wie sprachlos war, uns nach über einem halben Jahr lebend wieder zu sehen. So etwas wurde bereits damals einfach für nicht mehr möglich gehalten. So dringend nun die anderen uns zugeredet hatten, einen zweiten Ausbruch zu wagen, so eindringlich riet er uns ab. Er behauptete, dass es nunmehr ganz ausgeschlossen sei, ohne Ausweise irgend etwas unternehmen zu können. Wer hatte nun recht und welchem Rat sollten wir folgen? Wieder standen wir unschlüssig da. Obwohl er uns alles zur Verfügung stellte, was er besaß, eine Unterkunft konnte er uns nur in seinem Sprechzimmer anbieten, wo wir die Nacht hätten auf Stühlen verbringen müssen, und außerdem, ohne uns zu rühren, denn nebenan wohnten Untermieter, die auf keinen Fall etwas merken durften. Mittlerweile hatte sich Frau Pfarrer Burckhardt mit der Ebersbacher Vikarin brieflich in Verbindung gesetzt. Natürlich konnte sie nur ganz vorsichtig andeuten, worum es sich handelte, aber die Andeutung wurde sofort verstanden. Postwendend kam die Antwort, dass eine Fürsorge zwar möglich, eine Unterbringung aber unmöglich sei. Bald erfuhren wir auch den Grund für diese Vorsicht: im Kreise der Vikarin war erst vor kurzem eine jüdische Frau mit zwei Kindern entdeckt und verhaftet worden. Sie ist den Weg so vieler nach Auschwitz gegangen.

Mit Pfarrer Burckhardt hatte ich hin und wieder Gelegenheit, mich ausführlich zu unterhalten. Dabei sprachen wir auch von der Gefahr einer Entdeckung in seinem Hause. Und diese Gefahr bestand nicht nur in unserer Einbildung und Angst, sondern war sehr real, da er zu jenen Geistlichen gehörte, die scharf beobachtet wurden. Er machte kein Hehl daraus, dass bei unserer oder seiner Verhaftung größere Kreise der B.K. in die Sache hineingezogen werden könnten. Niemals würden meine Frau oder ich dann einen Namen nennen, beteuerte ich ihm. Doch ernst und erfahren erwiderte er mir: »Versprechen Sie nichts, was Sie wahrscheinlich nicht halten können; denn die Methoden, die die an der Macht befindliche Clique anwendet, um herauszubekommen, was sie wissen will, sind derart, dass selbst ich nicht weiß, ob ich ihnen standhalten könnte.« Ich meinte damals noch zweifelnd mit dem Kopf schütteln zu dürfen, aber ich wusste noch nichts von den Grauen und Schrecken der Konzentrationslager, um einzusehen, wie recht er hatte. Er erzählte nicht viel, nur einmal sagte er etwas vom Einklemmen der Fingerspitzen in eine zuschlagende Tür, um die Leute zum Reden zu bringen. Obwohl er um all das wusste, behielt uns dieser Mann in seinem Hause, und wenn wir es nicht von selbst verlassen hätten, er hätte uns nie hinausgewiesen. Seine Worte aber verfolgten mich bis in meine Träume hinein. Wie oft bin ich nachts emporgeschreckt und habe von Entsetzen gepackt gebetet: »Herr Gott! Lass mich nicht in diese Bedrängnis kommen!« Auch diese meine Bitte wurde erfüllt, wie so viele auf unserer schweren Irrfahrt.

Eines Tages rief Pfarrer Burckhardt mich zu sich und nannte mir die Adresse eines Pfarrers Müller in Stuttgart, an den wir uns wenden sollten, wenn wir den Mut aufbrächten, die Fahrt dahin zu wagen. Stuttgart – eine ferne Welt, ein unerreichbares Eiland für uns Schiffbrüchige. Sogar in die Nähe Berlins zu fahren hatte man uns gewarnt. Wie sollten wir also ohne Papiere nach Stuttgart gelangen? Mit der Bahn? Hoffnungslos, das bedeutete die sichere Entdeckung. Etwa zu Fuß? Die Sicherheit war nicht größer, und wir, gehetzt und gepeinigt, waren am Ende unserer Kräfte. Es blieb nur übrig, eine letzte Anstrengung zu machen, um doch noch zu Papieren zu kommen. Einer für die Rettung ihrer Schützlinge alles wagenden kirchlichen Stelle gelang es, mir die Anschrift einer Passbeschaffungsstelle zu beschaffen. Mit klopfendem Herzen machte ich mich auf den Weg und landete vor einer großen, verschlossenen Haustür. Gleichzeitig mit mir traf ein anderer, ein Fremder dort ein. Auf mein Klingeln wurde geöffnet, und eine Dame fragte, was ich wünschte. Schweigend stand der Fremde daneben.

»Ich möchte Herrn K. sprechen.«

»In welcher Angelegenheit?«

»Das kann ich ihm nur persönlich sagen.«

»Herr K. ist aber nicht zu sprechen. Er ist verreist. Von wem kommen Sie?«

Da rührte sich der Fremde: »Na, dann lassen Sie nur, dann kann ich ja mit Herrn Krakauer die Sache persönlich besprechen.«

Mein Herzschlag setzte aus. Mir wurde schwarz vor den Augen, und die Nerven drohten ihren Dienst zu versagen. Wer wusste, dass ich in Wirklichkeit Krakauer hieß? Seit den Tagen, da wir unsere Wohnung verlassen mussten, hieß ich Ackermann, entsprechend dem Postausweis, dem Geschenk des Freundes. Schweigend und halb bewusstlos wartete ich, was jetzt geschehen würde. Die Dame verschwand und schloss die Tür. War ich der Gestapo in eine Falle gegangen? Gleich würde meine Verhaftung erfolgen. Beruhigend legte mir der Fremde die Hand auf die Schulter. Auch er war zur Fälscherwerkstatt unterwegs gewesen – für mich! Er stand im Dienste der kirchlichen Stellen, ein ebenfalls getarnt lebender Schicksalsgenosse von uns, und hatte soeben die Anweisung bekommen, sich seinerseits um Papiere für mich zu kümmern. Als die Spannung der überreizten Nerven sich löste, war ich zu keiner weiteren Handlung fähig. Er versprach mir, sich noch bei einer anderen ihm bekannten Stelle dieser Art zu bemühen und mir vorzuarbeiten. Am Zeitungskiosk des Alexanderplatzes sollte ich mir tags darauf nähere Anweisungen holen. Geheimnisvoll, wie er gekommen war, verabschiedete er sich, ohne seinen Namen zu nennen.

Am Alexanderplatz war von dem Unbekannten nichts zu sehen. Doch pünktlich zur verabredeten Minute sprach mich ein anderer an: »Sind Sie der, der die Papiere will?« Ich schwieg. Doch er ließ sich nicht beirren. Er sei genau unterrichtet und wisse, was ich brauche. Kurzes Hin und Her wegen der Passbilder, dann wurde ich zum zweiten Male bestellt, diesmal in eine kleine, unbelebte Straße einer ganz anderen Gegend. Die erwähnte kirchliche Stelle hatte mir für den Fall des Gelingens jede benötigte Summe in Aussicht gestellt, und der geforderte Preis war wirklich unheimlich. Wir allein hätten ihn niemals erschwingen können. Auch unsere Trauringe waren ohnehin schon in der Forderung inbegriffen. Nach verschiedentlichem Hin und Her ließ man uns endlich wissen, dass wir die Papiere abholen könnten; aber nur meine Frau dürfe kommen, keinesfalls ich, »aus Sicherheitsgründen«.

Mit gemischten Gefühlen stieg diese die Treppe zu einer Dachkammer in der Rheinstraße empor, einerseits voller Freude, dem ersehnten Ziel, den Papieren, so nahe zu sein, zum anderen beklommen durch die Unheimlichkeit des Milieus. Das Verlies war fast kahl. Nur in der Mitte stand ein großer, runder Tisch, und auf diesem lagen ganze Berge von deutschen Kennkarten, Pässen, Dokumenten und in- und ausländischen Ausweisen aller Art. Vor dem Tisch aber hockten, eifrig beschäftigt, zwei Gestalten, deren Galgengesichter selbst den abgebrühtesten Kriminalisten hätten gruseln machen können. »Alles echt«, sagte der eine, nachdem meine Frau erklärt hatte, wer sie sei, und deutete mit dem Daumen auf die Haufen vor ihm. Die Kennkarten z. B. stammten in der Hauptsache aus dem Nachlass von Verstorbenen bzw. bei Fliegerangriffen Umgekommenen. Die Freude war jedoch verfrüht gewesen. Unsere Kennkarten waren nicht fertig. Der »Hausgraphiker« sei nicht zu erreichen gewesen, und auf unseren Ausweisen müsste noch das fehlende Stück des Stempels nachgezogen werden, denn die ursprünglichen, echten Fotographien waren ja durch die unsrigen ersetzt worden. Meine Frau sollte unsere Stuttgarter Adresse dalassen, sie würden die Ausweise bald nachschicken. Die Hergabe einer Adresse aber wäre das Letzte gewesen, zu dem wir uns bereit gefunden hätten. Unverrichteter Dinge kehrte meine Frau zurück, einerseits heilfroh, dem Bereich jener dunklen Gestalten wieder entronnen zu sein. Ich aber wurde den Verdacht nicht los, dass auch hinter dieser Fälscherstelle in Wirklichkeit die Gestapo steckte. Was hatte man sonst für ein Interesse an unserer Anschrift gehabt, nachdem bisher alles ganz anonym, ganz ohne Angebot eines Namens, einer Straße, eines Ortes gegangen war? Wieder berieten wir mit Freund von Malinowky, ob wir die Fahrt trotzdem wagen sollten. Er blieb dabei, uns abzuraten. In einem Anfall wilder Verzweiflung fasste ich jedoch plötzlich den Entschluss, es auf jeden Fall zu riskieren, mochte daraus werden, was wolle, und ließ mich nicht mehr davon abbringen. Der Freund gab uns zum Abschied noch eine Lebensmittelkarte und steckte uns überdies ein paar Abschnitte von bereits ein Jahr alten, also längst abgelaufenen Lebensmittelkarten in die Tasche, die ich mit dem Namen Ackermann versah. Sie sollten einmal das einzige an Papieren sein, was wir besaßen. Zwar trug ich noch immer den auf den Namen Ackermann lautenden, schlecht gefälschten Postausweis bei mir, doch als wir am Morgen des 7. August 1943 nach schlafloser Nacht auf dem Anhalter Bahnhof standen, gab meine Frau keine Ruhe, sondern beschwor mich, diesen Ausweis zurückzulassen. Obwohl ich zunächst dieses Ansinnen, das letzte, wenn auch dürftige Papier aus der Hand zu geben, für Wahnsinn hielt, beschloss ich dennoch, ihrem Gefühl, ihrer Intuition zu folgen, gab dem Verlangen nach und sandte ihn im letzten Augenblick, kurz bevor wir die Sperre passierten, an seinen eigentlichen Besitzer zurück. Noch wussten wir nicht, dass wir diesem Schritt in wenigen Tagen schon unsere Rettung verdanken sollten.

Salto mortale

Bis zum Abgang des Personenzuges, in dem wir Berlin verlassen wollten, waren noch viele Stunden Zeit. Aber wer einen einigermaßen aussichtsreichen Platz in den vorderen Reihen der auf dem Bahnsteig Wartenden erkämpfen wollte, musste so früh anwesend sein. Mehr als einen ganzen Tag hatten wir gebraucht, um das Gepäck aufzugeben und die Fahrkarten zu lösen. Nun standen wir eingekeilt in Menschenmauern und warteten. Es dröhnte in der Halle; überall rücksichtsloses Drängen, Hasten; unfreundliche, gereizte Bemerkungen ringsum. Würgende Beklemmung überfiel uns. Wieder packte sie uns, die Frage: War es nicht ganz und gar sinnlos, was wir taten? Lohnte es denn, immer neue Strapazen und wer weiß welch neues Unheil in Kauf zu nehmen? War es nicht doch besser, dieser Irrfahrt ein Ende zu machen, um damit nicht noch mehr Menschen mit unserem trostlosen Geschick zu verflechten, als das ohnehin schon geschehen war? Der Gedanke an unser einziges Kind in England riss uns hoch – und das in irgendeiner verborgenen Ecke unseres Herzens glimmende Verlangen, das Ende des Satans zu erleben, der über Deutschland herrschte. Wenn wir es recht bedachten, so hatte Gott trotz allem seine schützende Hand über uns gehalten. Vor nun schon über einem halben Jahr waren wir dem Abtransport in die Vernichtung entgangen. Wir waren hin und her gefahren, und ein gütiges Geschick hatte uns trotz aller Qualen dennoch nicht in die Hände unserer Verfolger fallen lassen. Gott hatte uns bis hierher wohl geführt, und das Vertrauen auf ihn zwang uns hinein in den Zug.

Wir saßen in fürchterlicher Enge, als die Lautsprecher verkündeten, dass für Reisende, die über Halle hinausfahren wollten, ein Sonderzug eingelegt würde, der bis Halle nicht hält. Ein Fingerzeig des Schicksals!

Denn wenn der Zug bis Halle durchfuhr, konnte unterwegs auch keine Polizeistreife, keine Ausweiskontrolle in die einzelnen, durch keine Tür verbundenen Personenwagen zusteigen. Also hinein mit dem Gepäck in den anderen Zug! Dann warteten wir auf dem Bahnsteig, um nach möglichen Kriminalbeamten oder sonstigen »verdächtigen« Personen Ausschau zu halten. Das Zeichen zur Abfahrt ertönte, und in stillem Gebet befahlen wir uns nochmals in Gottes Schutz. Schwerfällig rollte der überfüllte Zug hinaus. Nach drei Stunden waren wir in Halle und hörten, dass es bald weitergehen werde. Wieder beobachteten wir scharf die Zusteigenden und fuhren bis Weißenfels, wo wir im Wartesaal, noch immer ahnungslos, dass auch Wartesäle mit Vorliebe kontrolliert werden, Mittag zu essen versuchten; aber die Aufregung hatte uns den Appetit genommen. Kurze Strecken in möglichst überfüllten Zügen zurückzulegen, danach also mussten wir trachten, um uns schrittweise nach Südwesten durchzuschlagen. Naumburg hieß die nächste Etappe, wo wir unseren Proviant ergänzten, um dann in einem Arbeiterzug bis Jena zu fahren. Das Glück blieb uns hold. Saalfeld folgte. Probstzella. Doch dann gab es einen langen Aufenthalt. Von der körperlichen und seelischen Anspannung waren wir so mitgenommen und erschöpft, dass wir beschlossen, hier nach einem Plätzchen zu suchen, an dem wir uns ausruhen und etwas erfrischen konnten. Es fand sich auch ein Hotel, allerdings voll belegt mit militärischen Stellen. Doch im Schutze der Wehrmacht des Dritten Reiches aßen wir wenigstens eine ganz beachtliche Nudelsuppe. Die Gespräche, die wir unterwegs gehört hatten, gaben uns manchen Aufschluss über die wahre Lage an der »inneren Front«. Die Arbeiter sprachen von den Luftangriffen auf ihre Fabriken. Gerade vor einigen Tagen waren die Zeiß-Werke bei hellem Sonnenschein von Tieffliegern angegriffen worden, damals noch eine Neuerung, und so schnell war der Angriff abgerollt, dass die deutschen Stellen erst merkten, es könne sich wohl kaum um eigene Maschinen gehandelt haben, als diese sich bereits wieder in unerreichbarer Höhe befanden. Jeder bemühte sich, vorsichtig zu sein, jeder schien zu wissen, dass er mit einer falschen Äußerung, einem verdächtigen Wort seinen Kopf riskierte, aber dennoch war der geheime Groll nicht mehr zu überhören, greifbar ließ sich bereits spüren, dass das Volk in seinen breiten Schichten mit dem Ablauf der Dinge nicht mehr zufrieden war und dumpf das böse Ende ahnte.

In Probstzella erfuhren wir, dass in der Nacht, voraussichtlich zwischen 1 und 2 Uhr, zwei D-Züge in Richtung Nürnberg durchkommen sollten. Sie seien aber so überfüllt, dass niemand mehr zusteigen könne. Vielsagend blickten wir uns an, denn das war gerade das, was wir suchten. Der erste fuhr ein, überlastet, und die Menschen fielen beim Öffnen der Tür fast heraus. Mit einem kühnen Anlauf drängten wir uns in eine Türecke hinein. Unsere Laune stand in schroffem Gegensatz zu der verbitterten Stimmung unserer gequetschten Mitreisenden. In dieser Enge konnte beim besten Willen nicht kontrolliert werden. In den frühen Morgenstunden des Sonntags trafen wir in Nürnberg ein. Ein gewaltiger Sprung nach vorwärts war damit getan und hatte uns viele Teilstrecken erspart. Wieder setzten wir uns nach gründlicher Reinigung in den Waschräumen, die natürlich genau so überfüllt waren, in den Wartesaal, als wären wir alles andere als Verfolgte, um eine Tasse warmen Kaffee zu trinken. Nach Ansbach gab es Anschluss. – Wartesaal. – Crailsheim ließ sich erreichen. Dort überfiel meine Frau, die bisher alles tapfer ertragen hatte, doch eine beängstigende Schwäche, und wir machten uns auf die Suche nach einer Bade- oder wenigstens einer richtigen Waschmöglichkeit. Wir fanden auch ein Hotel, das ein Badezimmer zur Verfügung stellte, dann saßen wir wieder im Wartesaal, getragen von der immer stärker aufkeimenden Hoffnung, dass wir nun auch die letzte Etappe schaffen würden und uns eigentlich nicht sehr viel passieren könnte. Sicherer als sonst schritten wir zur Sperre und zeigten unsere Fahrkarten nach Stuttgart vor. Der Einlassbeamte stutzte und beanstandete die Karten. Durch den Wirrwarr in Berlin hatten wir sie früher gelöst, und nun waren die Tage ihrer Gültigkeit bereits abgelaufen. Der Mann schien zu Erklärungen und Erörterungen keine Lust zu haben, sondern übergab uns kurzerhand einem Bahnschutzmann. Was lag näher, als dass der nach einem Ausweis fragte? Schon glaubten wir das Ende unserer Reise gekommen, aber er tat es nicht, sondern gab sich mit meiner Darstellung zufrieden. Mit neu gelösten Fahrkarten bestiegen wir den uns so gefährlich erscheinenden Zug, nachdem wir durch alle Stätten, in denen viel größere Gefahren lauerten, durch die Wartesäle wie die Schlafwandler hindurchgegangen waren. Es war Sonntagnachmittag geworden, und die Stuttgarter kehrten vom Obst- und Gemüseeinkauf zurück. Mit wachsender Freude stellten wir fest, dass der Zug voller und voller wurde und damit unsere Sicherheit immer größer. Die Bahnhofsuhr in Stuttgart zeigte die 19. Stunde, als wir mit einem abgrundtiefen Seufzer der Erleichterung unser kleines Gepäck auf den Bahnsteig stellten. Was von hundert Menschen neunundneunzig für ganz unmöglich gehalten und in das Reich der Phantasie verwiesen hätten, es war gelungen. Wie die Träumenden schritten wir dem Ausgang zu, erschöpft und todmüde, aber doch voll überströmender Dankbarkeit gegen unseren Gott, der uns auch bis hierher so treulich geführt.

Nun standen wir in dieser völlig fremden Stadt, und ein Gefühl noch größerer Verlassenheit beschlich uns als in Berlin. Dort kannten wir wenigstens die einzelnen Gegenden und Straßen, kannten diesen und jenen Menschen, auch wenn wir uns ihm nicht nähern durften. Hier waren wir wie an einen fremden Strand geworfen, und der einzige Strohhalm, an den wir uns klammerten, war eine Adresse. Sie zu suchen machten wir uns nun auf den Weg. Pfarrer Müller wohnte in der Gustav-Siegle-Straße, die nicht, wie wir es gewohnt waren, zusammenhängend in einer Richtung verläuft, sondern durch unbebaute Grundstücke unterbrochen war. So irrten wir ziemlich lange herum, bis wir endlich die angegebene Nummer fanden. Doch niemand war zu Hause. Eine Wohnungsnachbarin fragte nach unserem Begehr, und wir mussten ihr irgend etwas erzählen und ihr vor allem klarzumachen suchen, dass wir so schnell wie möglich Pfarrer Müller sprechen wollten. Sie war bereit, dorthin zu telefonieren, wo sie ihn vermutete, aber es misslang. In einem in der Nähe befindlichen Lokal würden wir deshalb warten, vereinbarten wir, und ließen den Pfarrer bitten, uns nach seiner Rückkehr dort aufzusuchen. Wir hatten noch nicht lange dort gesessen, als im Eingang des Restaurants ein Herr ohne Hut erschien, der sich kurz umsah und dann wieder verschwand. Ich wäre nie auf den Gedanken gekommen, den Erwarteten vor mir zu haben, denn sein Äußeres entsprach eher dem eines Künstlers als dem eines Geistlichen. Doch meine Frau hatte besser beobachtet. Instinktiv fuhr sie auf: »Das war Pfarrer

Müller!« Eilig verließen wir den Raum. An der nächsten Straßenecke stand der Fremde. Er schien bereits zu ahnen, wer wir seien, denn ohne erst eine Erklärung von uns abzuwarten, nahm er uns mit in seine Wohnung. Die Nachbarin hatte ihn gut unterrichtet. Auch dass wir vermutlich »Nichtarier« seien, hatte sie erwähnt. Eine Idee, die Pfarrer Müller als ganz unmöglich bezeichnete. In Deutschland gäbe es keine Juden mehr. Noch dazu solche, die frei herumlaufen könnten. Dennoch wusste er wohl ganz genau, wer wir waren. Als wir dem Ehepaar nun erzählten, weshalb wir zu ihnen kamen, war es nicht im mindesten überrascht. Abermals diese frappierende Selbstverständlichkeit des Helfens, kein erstauntes Fragen nach dem Warum und Wieso, kein bedenkliches Wenn und Aber, sondern ein schlichtes, liebevolles Reichen der Hand, als ob es sich um etwas handele, was zum täglichen Geschehen gehört. Und wir sahen von den Aufregungen und Anstrengungen der Reise wirklich nicht gut aus. Als einzige Einschränkung mussten sie uns nach reichlicher Bewirtung sagen, dass wir uns höchstens bis in die frühen Morgenstunden bei ihnen aufhalten könnten, denn ihrer Hausbesitzerin glaubten sie im Punkte »Juden« doch nicht ganz vertrauen zu können. Sie selbst besaßen ja nur eine kleine Untermietswohnung und waren in ihren Bestimmungsrechten beschränkt. Doch trösteten sie uns damit, als wir ihnen kurz unseren bisherigen Weg geschildert, dass Pfarrer Müller selbst am nächsten Morgen aufbrechen werde, um für uns Quartier zu machen. Dann richteten sie uns ein bequemes Lager in ihrer kleinen Wohnung, und wir fielen in bleiernen Schlaf.

Kurt Müller, Pfarrer der Reformierten Gemeinde in Stuttgart, o.D.

Die Verhaftung

Als wir erwachten, hatte Pfarrer Müller das Haus bereits verlassen, und auch wir verschwanden mit Rücksicht auf die übrigen Hausbewohner so schnell wir konnten. Im Turmwarteraum des Stuttgarter Hauptbahnhofes sollten wir uns bis 14 Uhr mit Pfarrer Müller treffen; so hatte er es hinterlassen. Um diese Zeit hoffte er von seiner kleinen Reise zurück zu sein. Die Vormittagsstunden benutzten wir, um uns Stuttgart, die uns unbekannte, doch immer als so schön beschriebene Stadt anzusehen, und selbst den begeistertsten Schilderungen gaben wir recht. Noch war die Stadt unzerstört. Der Mittag nahte und langsam schlugen wir die Richtung zum Bahnhof ein. Unser Gepäck, das wir in Berlin nach Stuttgart aufgegeben hatten, war noch nicht eingetroffen. Also konnten wir es uns im Wartesaal gemütlich machen, heiter und gelassen, denn bald würde Pfarrer Müller zurück sein und uns den Weg in weitere Geborgenheiten weisen.

Wir saßen noch keine fünf Minuten, als zwei Feldgendarmen und zwei Kriminalbeamte in Zivil den Raum betraten und der schreckliche Ruf erklang, vor dem wir ein halbes Jahr und mehr im Unterbewusstsein gezittert hatten: »Kriminalpolizei! Ausweise vorzeigen!« »Wir müssen zum Zug. Hoffentlich kommen wir noch zurecht«, schoss meine Frau empor, alle Zeichen des Entsetzens im Gesicht. Doch zu viele mochten bereits versucht haben, mit diesem Trick die Situation zu retten. Die Streife wurde dadurch erst recht aufmerksam, und schon stand einer der Beamten vor uns, als den ersten im ganzen Saal. »Ihre Ausweise bitte!« »Wir haben im Augenblick keine bei uns«, murmelte ich mit versagender Stimme. Der Uniformierte blickte kurz von einem zum anderen, dann ließ er uns wortlos zur Bahnhofswache abführen. Das also war das Ende. Die Situation, die wir uns in mancher schlaflosen Nacht mit allen Einzelheiten, allen Schrecken ausgemalt! In wie vielen Zügen hatten wir seit dem ersten Tage unserer Flucht gesessen, von Berlin nach Pommern, in Pommern kreuz und quer, von Pommern nach Berlin und als Unwahrscheinlichstes von allem von Berlin hierher nach Stuttgart. In Dutzenden von Warteräumen hatten wir gesessen, ahnungslos, und am ersten Tage in dieser fremden Stadt, in die wir mit so großen Hoffnungen gekommen, von der wir die Rettung unseres Lebens erwarteten, fielen wir den Häschern in die Hände – im Wartesaal. Hatte uns der bisherige Erfolg so leichtsinnig gemacht? Die Gedanken begannen zu kreisen, die klare Vernunft verweigerte den Dienst.

Menschen ohne Ausweise! Wie Verbrecher wurden wir behandelt und mussten unsere sämtlichen Taschen leeren. Ihr Inhalt wurde auf einem Tisch ausgebreitet. Weit voneinander entfernt befahl man uns, Platz zu nehmen. Dann begann das Verhör. In barschem Tone jagten sich die Fragen: Name, Wohnort, Woher, Wohin, Arbeitsplatz, und noch vieles andere. In der Not gaben wir Antworten, die natürlich alle falsch und erlogen waren. Dann begann die Suche nach etwas Schriftlichem. Doch das einzige, was sie fanden, waren die alten Lebensmittelkartenabschnitte, versehen mit dem Namen Ackermann, Berlin-Tempelhof, Berliner Straße 56. Ich wusste genau, dass dieses Haus bei einem der letzten Luftangriffe vollständig zerstört worden war und setzte auf diesen Umstand den letzten Schimmer meiner dahingeschwundenen Hoffnung. »Urlauberkarten, aus meinem vorjährigen Urlaub. Ich habe sie zufällig noch in meiner Brieftasche«, erklärte ich auf die Frage, was ich da mit mir herumschleppe. Wie gut, dass der schlecht gefälschte Postausweis nicht mehr in meiner Brieftasche war. Auch wenn ich ihn nicht absichtlich vorgezeigt hätte, sie hätten ihn gefunden; denn jedes Stück Papier wurde dreimal hin und her gedreht. Diesmal war mein Gegenüber kein biederer pommerscher Gendarm, sondern ein mit allen Wassern gewaschener Kriminalist, der auf den ersten Blick die Fälschung erkannt hätte. Die Ergebnisse der Befragung waren protokolliert, aber offensichtlich recht mager. Fürs erste ließ man es genug sein und schickte uns auf unsere Plätze zurück.

Nach einiger Zeit erschien der Leiter der Razzia persönlich, ein Kriminalbeamter, und ein neues, scharfes Verhör begann. Dieselben Fragen, dieselben Antworten, immer verglichen mit dem Wortlaut des Protokolls. Obwohl wir längst die äußerste Grenze unserer Nervenkraft erreicht hatten, blieben wir beide bei gleichlautenden Aussagen. Immer wieder bezogen wir uns auf den Goebbelschen Aufruf, Berlin zu verlassen, soweit man abkömmlich sei. »Ich habe diese Reise nur unternommen, um meine infolge der Bombenangriffe erkrankte Frau in eine ruhigere Gegend zu bringen«, beteuerte ich, »und zwar nach Württemberg, weil es hier noch keine so regelmäßig hämmernden und so entsetzlichen Luftangriffe gibt.« Ich würde auch sofort wieder an meinen Arbeitsplatz in Berlin zurückkehren. Arbeitsplatz? Natürlich war auch dessen Adresse fingiert. Neue Pause, die uns den Angstschweiß auf die Stirne trieb. Denn jetzt begannen sie zu telefonieren, nach allen Richtungen, um die Erklärungen nachzuprüfen, die die bei der Razzia Gefassten gegeben hatten. Noch bezog sich alles auf andere Verhaftete. Gleich aber würden sie Berlin anrufen, was dann? Jeder von uns beiden saß in einer Ecke des Polizeiraumes und wälzte düstere Gedanken. Und diese Gedanken waren ganz gleich: wir nahmen Abschied von unserem Leben und unserem Kind. Jeder für sich bat um die Kraft, allen Versuchen, die Namen unserer bisherigen Helfer aus uns herauszupressen, zu widerstehen. Die Zeit verrann, doch ich hätte nicht sagen können, ob es zehn Minuten oder zehn Stunden waren. Krampfhaft bemühte ich mich, logisch und klar zu denken, doch das misslang. Unverwandt hingen meine Augen am Gesicht meiner Frau. Ängstlich beobachtete ich sie. Sie sah verhältnismäßig ruhig aus, und man hätte nicht ohne weiteres sagen können, was in ihr vorging. Ich selbst soll, wie sie mir später sagte, leichenblass gewesen sein. Instinktiv, ohne mir klar zu werden, was ich eigentlich tat, bat ich, eine Zigarette rauchen zu dürfen. Kaum hatte ich diesen Wunsch ausgesprochen, erschrak ich über meine eigenen Worte, denn ich rechnete mit einer scharfen Zurechtweisung. Zu meinem größten Erstaunen erhielt ich aber die Erlaubnis dazu, und langsam begann mein Gehirn wieder zu arbeiten. Ruhiger als bisher registrierte ich neue Telefonatsversuche der Beamten. Anscheinend war es wohl doch nicht so leicht, Verbindung mit Berlin zu bekommen. Leise begannen sie sich zu besprechen, offenbar unschlüssig über das, was sie nun tun sollten, da sich unsere Angaben nicht nachprüfen ließen. Mir kam ein rettender Gedanke: Bei dem ungeheuren Andrang auf den Berliner Bahnhöfen sei aus Versehen auch der Koffer, den wir eigentlich bei uns behalten wollten, mit aufgegeben worden, und in diesem befänden sich unsere Papiere. Als Beweis konnte ich auf den Gepäckschein deuten, der noch inmitten unseres aufgehäuften Tascheninhaltes lag, und dass das Gepäck noch nicht eingetroffen war, hatte ich vor einer Stunde mit eigenen Ohren gehört. Eine Mitteilung, deren Richtigkeit sich nachprüfen ließ; damit ein wichtiges Indiz! Ein schwacher Hoffnungsschimmer tauchte auf, und ein Teil meiner Sicherheit kehrte durch ihn zurück. Sie ließ es mich wagen, noch weiter zu gehen, und ich erbot mich, den Gepäckschein als Pfand auf dem Polizeibüro zurückzulassen. Das allerdings wurde wieder entschieden abgelehnt. Zum zweiten Male erschien der die Razzia leitende Beamte, sprach mit den anderen über das Resultat unserer Durchsuchung und Vernehmung und über das, was die Telefonate an Aufklärung gebracht. Es schien wenig genug zu sein, denn ein drittes Verhör begann. Wir blieben bei unserer Darstellung. »Sie waren sehr leichtsinnig, Herr Ackermann, in solchen Zeiten ohne Ausweis auf Reisen zu gehen und dabei nicht einmal zu wissen, wo Sie eigentlich hinwollen. Bitte, nehmen Sie Platz!« Auch meiner Frau brachte ein Beamter einen Stuhl vor der Barriere. Herr Ackermann?? Vorbei war der barsche dienstliche Ton von vorhin, ein Mensch saß uns gegenüber und redete uns menschlich an. Woher kam plötzlich diese Wandlung? Wieder war die Reihe des Erstaunens an mir, und mit Gewalt musste ich mich bemühen, gleichgültig zu bleiben. »Bitte nehmen Sie Ihre Sachen wieder an sich und wenden Sie sich dann an die NSV, gleich hier im Bahnhof, die wird Sie beraten und Ihnen, Frau Ackermann, eine Unterkunft nachweisen. Nichts für ungut. Und viel Glück!« Mit zitternden Händen packten wir unsere Habseligkeiten zusammen, und uns gegenseitig stützend verließen wir den Raum, in dem wir unseren Lebensweg als abgeschlossen betrachtet hatten.

Wieso waren wir frei? Gab es Wunder? Noch konnte das gequälte Gehirn den Umschwung nicht fassen. War unsere Darstellung dem Kriminalbeamten doch glaubwürdig erschienen? Ich wagte es zu bezweifeln. Oder aber hatte er – unfassbarer Gedanke –, wie Freunde später meinten, plötzlich bemerkt, dass wir flüchtige Juden seien und beschlossen, uns zu retten, er, der Diener eines Staates, dessen unmenschliche Maßnahmen er nicht billigte und die er in seinem kleinen Wirkungsbereich zu hintertreiben trachtete, soweit er dazu Möglichkeiten besaß? – – –

Das Gewühl des sonnenüberfluteten Bahnhofsplatzes nahm uns auf. Jetzt, da die Spannung nachließ, bekam meine Frau einen schweren Weinkrampf. Wir hasteten mehr die Straße entlang als dass wir gingen. Verfolgungswahn hatte uns gepackt. Von jedem harmlos hinter uns kommenden Menschen wähnten wir uns beobachtet. Völlig erschöpft betraten wir schließlich ein Lokal, um etwas zu trinken. Da glaubten wir einen Mann zu erkennen, der bereits auf der Straße neben uns gegangen war, und fluchtartig stürzten wir wieder hinaus. Das wiederholte sich noch einige Male. Wir hätten dringend mit Pfarrer Müller telefonieren müssen, aber auch zum Betreten einer Telephonzelle fanden wir nicht den Mut. Nach weiterem verschärften Hin und Her wagten wir uns schließlich in das Hauptpostamt in der Fürstenstraße, in dessen Gedränge wir uns einigermaßen sicher fühlten. Von dort aus riefen wir die Nachbarin des Pfarrers an, deren Namen wir im Kopf behalten hatten, und baten sie, Pfarrer Müller an den Apparat zu rufen. Als meine Frau ihren Namen, unseren angenommenen Namen, nannte, war auf der Gegenseite nur ein tiefer Seufzer zu hören und ein tonloses »Gottseidank«! Dann kam die Frage: »Wo sind Sie denn? – Ich weiß Bescheid.« Was wir unter diesen Worten verstehen sollten, wussten wir nicht. Andererseits konnten wir nicht zurückfragen, da man immer damit rechnen musste, dass die Gespräche abgehört wurden, und außerdem sprach Pfarrer Müller in einer fremden Wohnung. Er hätte sich ohnehin, wenn überhaupt, nur verdeckt und verschlüsselt ausdrücken können. Er versprach, sofort zu uns zu kommen, und schlug als Treffpunkt den Hauptbahnhof vor. Doch von dem hatten wir fürs erste genug. Es hat noch lange Zeit gedauert, bis meine Frau überhaupt wieder zu bewegen war, eine Bahnhofshalle zu betreten. So vereinbarten wir, uns auf dem Hauptpostamt zu treffen. Geraume Zeit musste vergehen, bis Pfarrer Müller von seiner Wohnung aus in der Innenstadt sein konnte. In der knappen Stunde, die wir warteten, haben wir ungezählte Male das Postamt von der einen bis zur anderen Seite durchmessen, noch immer gepeinigt von der Vorstellung, dass wir verfolgt und beobachtet würden. Wer die Praxis des Himmlerschen Polizeistaates kannte, musste mit allem rechnen. Endlich sahen wir zwar nicht den Erwarteten, sondern seine Frau auf uns zueilen. Als wir beginnen wollten, ihr mit kurzen, abgerissenen Sätzen zu erzählen, bat

Straßenbahnhaltestelle Denkendorf, vor 1941

sie uns zu schweigen und begann, unsere Erregung zu beschwichtigen. »Erst müssen Sie sich einmal beruhigen. Wir wissen Bescheid.«

Zum zweiten Male diese sonderbare Andeutung. Aber erst mussten wir die belebten Teile der Stadt verlassen, um ungestört sprechen zu können. Verabredungsgemäß hatte Pfarrer Müller den vereinbarten Warteraum betreten, in dem die Polizeistreife gerade ihre Kontrolle beendete. Als einer der letzten wurde auch er nach seinem Ausweis gefragt, und da er selbstverständlich einen solchen besaß, blieb er unbehelligt. Im gleichen Augenblick aber schoss ihm der Gedanke durch den Kopf, dass das bei uns nicht gut gegangen sein könnte; denn er wusste, dass wir keine Papiere hatten. Ein rascher Gang durch den Saal, und da er uns nirgends erblickte, war ihm klar: man hatte uns verhaftet. Bedrückt und gramerfüllt war er langsam nach Hause gegangen. »Nun sind die Ackermanns noch keine 24 Stunden in Stuttgart und schon verhaftet«, sagte er zu ihr. Heftige Selbstvorwürfe folgten, wie sie uns erzählte, denn er glaubte, an unserer Verhaftung schuld zu sein. Er war es, der diesen unglückseligen Treffpunkt vorgeschlagen hatte, ohne das dort lauernde Unheil zu bedenken. Daher sein erlösendes »Gottseidank«, als er unseren Namen am Telephon hörte. Umso größer auch seine Freude darüber, dass er uns eine günstige Nachricht mitbringen konnte. Seine Reise war nicht erfolglos gewesen. Das Pfarrhaus in Köngen war bereit, uns aufzunehmen.

Eine Eisenbahn aber hätten wir vorläufig um keinen Preis der Welt wieder benutzt. So fuhren wir mit der Straßenbahn über Untertürkheim, Obertürkheim und Esslingen bis Denkendorf. Dort sollten wir um 16 Uhr an der Haltestelle von einer jungen Dame erwartet werden, deren Äußeres uns Pfarrer Müller beschrieb. In seiner vorsichtigen Art hatte er alles getan, um uns neue Schrecken zu ersparen. Er und seine Frau kümmerten sich noch einige Zeit um uns, aber dann nahmen uns andere Menschen in ihre Obhut. Pfarrer Müller war in Stuttgart zu sehr in Anspruch genommen, und, wir fühlten es deutlich, um die Rettung noch anderer Flüchtlinge besorgt, die den gleichen Kampf um ihr Leben führten wie wir.

Der Bruderrat

Erwartungsvoll stiegen wir aus der Bahn und blickten uns um: Denkendorf, erste Station auf der zweiten Strecke unseres Fluchtweges. Würde es wieder ein Irrweg werden? Würde er emporführen zur endgültigen Rettung oder hinein in den Abgrund? Unsere Gedanken schweiften zurück nach Pommern. Der dicke Gendarm fiel uns ein, der uns einen so unerfreulichen Willkommensgruß entboten hatte. Diesmal war keine Uniform zu sehen. Leider aber auch niemand, auf den die Beschreibung gepasst hätte, die Pfarrer Müller uns mit auf den Weg gab. Und das war kein Wunder. Um 16 Uhr sollten wir eintreffen, doch dieser Termin war längst vorbei. So suchten wir allein unser Heil, waren aber noch nicht weit gekommen, als wir mitten im Dorf zwei Frauen in eifriger Unterhaltung bemerkten, deren eine die junge Dame sein konnte. Sie musterte uns ebenfalls interessiert, kam auf uns zu und fragte, ob wir Herr und Frau Ackermann seien. Zu dritt zogen wir weiter. So scharf wir auf ihre Äußerungen und Bemerkungen achteten, konnten wir doch nicht daraus klug werden, ob sie wusste, wer wir wirklich seien, und so unterhielten wir uns über ganz nebensächliche Dinge, obwohl wir darauf brannten, über unser Erleben der letzten Tage zu sprechen, um unsere Erregung abzureagieren. Erst später erfuhren wir, dass unsere Vorsicht überflüssig gewesen war, denn Fräulein Kopske hatte sich schon intensiv im Hilfsdienst für geflüchtete Juden betätigt. Auch später blieb sie noch lange Zeit für uns bemüht, einmal, um uns weitere Quartiere zu verschaffen, und zweitens, um bei ihren öfteren Reisen nach Berlin mit unseren dortigen Freunden die Verbindung wieder herzustellen. Schließlich verloren wir sie aber doch aus den Augen, da sie durch andere Aufgaben zu stark in Anspruch

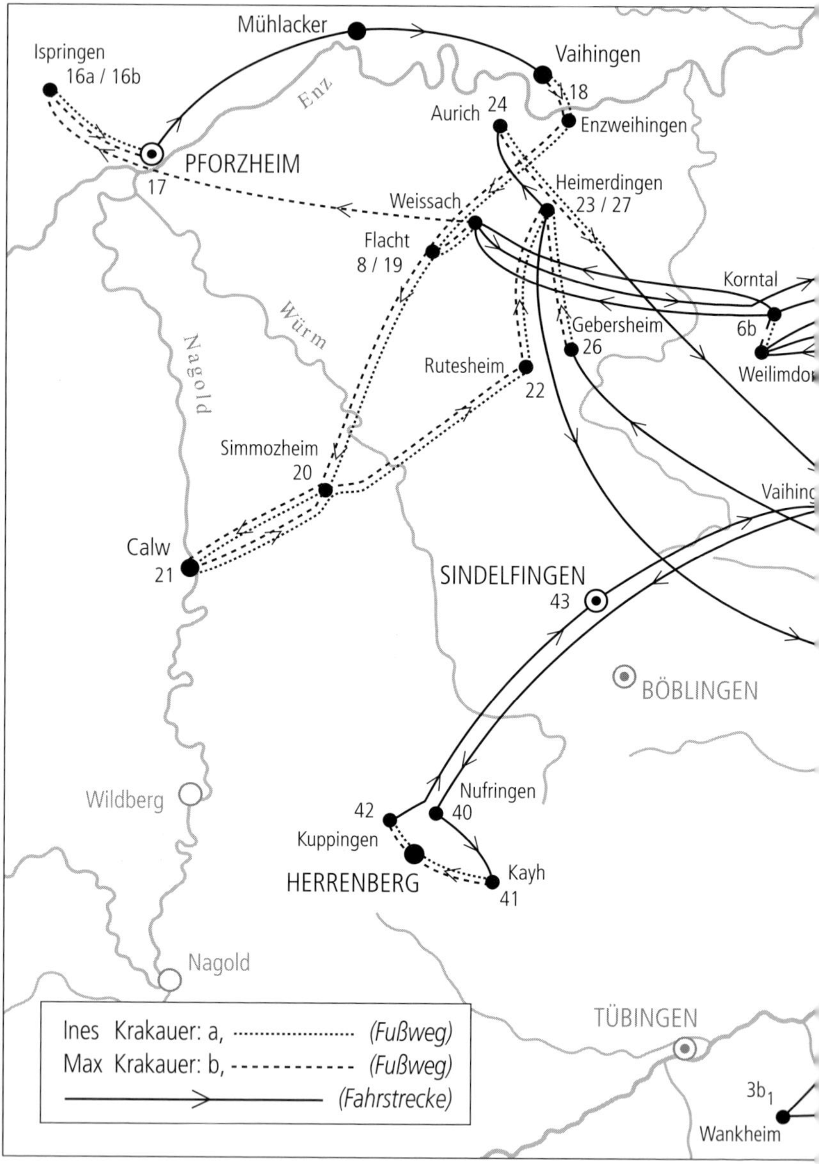
Mühlacker
Ispringen
16a / 16b
Vaihingen
18
Enz
Aurich 24
Enzweihingen
PFORZHEIM
17
Heimerdingen
23 / 27
Weissach
Flacht
8 / 19
Korntal
6b
Würm
Nagold
Gebersheim
26
Weilimdo
Rutesheim
22
Simmozheim
20
Vaihing
Calw
21
SINDELFINGEN
43
BÖBLINGEN
Nufringen
40
42
Kuppingen
HERRENBERG
Kayh
41
Wildberg
Nagold
TÜBINGEN
3b1
Wankheim
Ines Krakauer: a, (Fußweg)
Max Krakauer: b, (Fußweg)
(Fahrstrecke)

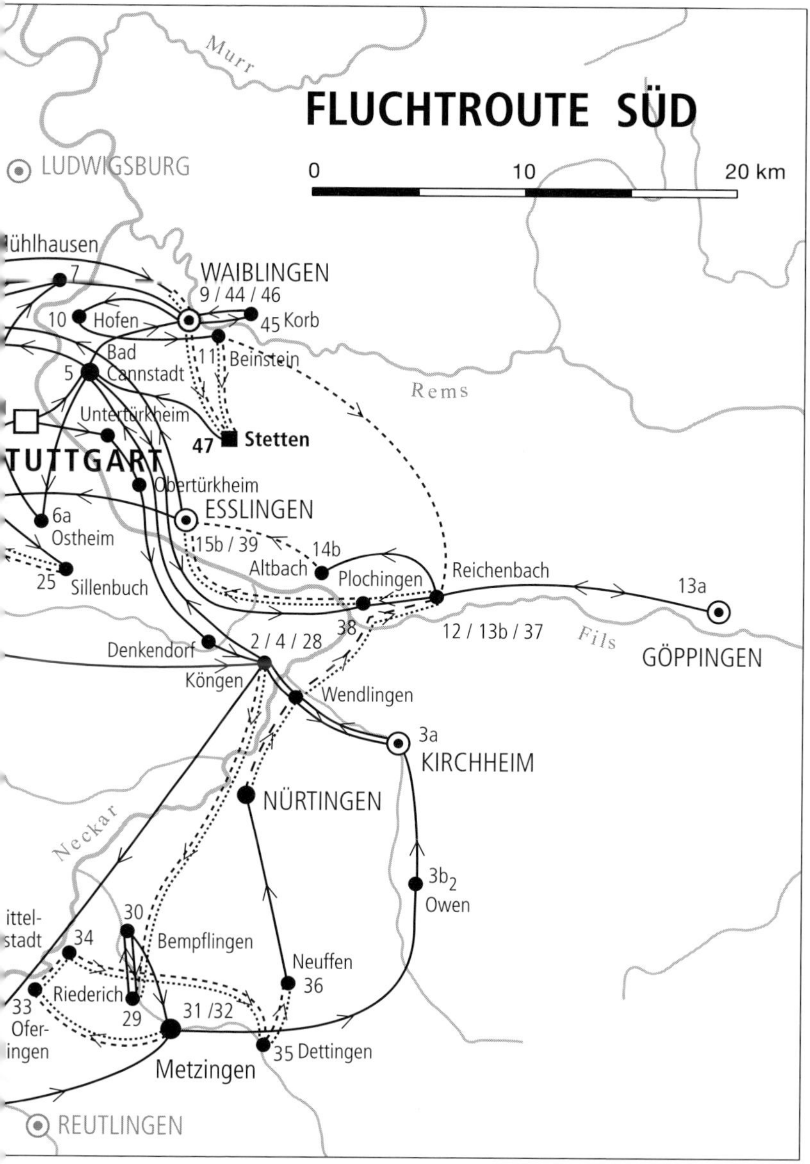
FLUCHTROUTE SÜD
0
10
20 km
Murr
LUDWIGSBURG
ühlhausen
7
WAIBLINGEN
9 / 44 / 46
10
Hofen
45 Korb
11
Beinstein
Bad
Cannstadt
5
Rems
Untertürkheim
47
Stetten
TUTTGART
Obertürkheim
ESSLINGEN
6a
Ostheim
15b / 39
14b
Altbach
Plochingen
Reichenbach
13a
25
Sillenbuch
38
12 / 13b / 37
Fils
GÖPPINGEN
Denkendorf
2 / 4 / 28
Köngen
Wendlingen
3a
KIRCHHEIM
NÜRTINGEN
Neckar
3b2
Owen
ittel-
stadt
34
30
Bempflingen
Neuffen
36
33
Ofer-
ingen
Riederich
29
31 /32
35 Dettingen
Metzingen
REUTLINGEN

Fluchtroute Süd

1. **1943**	8.–9. Aug.	Pfarrer Kurt und Elisabeth Müller	Stuttgart Gustav-Siegle-Straße
2.	9.–30. Aug.	Pfarrer Eugen und Johanna Stöffler	Köngen
3a.	31. Aug.–4. Okt.	Martha Hünlich (Lehrerin)	Kirchheim/Teck
3b.	31. Aug.–27. Sept.	Pfarrer Richard und Hilde Gölz	Wankheim
	28. Sept.–4. Okt.	Pfarrer Ernst und Maria Rapp	Owen
4.	4.–10. Okt.	Pfarrer Eugen und Johanna Stöffler	Köngen
5.	11. Okt.–11. Nov.	Pfarrer Alfred und Luise Dilger	Bad Cannstatt
6a.	11. Nov.–11. Dez.	Pfarrer Dr. Friedrich und Hedwig Delekat	Stuttgart-Ostheim
6b.	11. Nov.–11. Dez.	Pfarrer Hermann und Emma Maurer (Missionar)	Korntal
7.	12.–18. Dez.	Pfarrer Gustav Adolf und Eleonore Schreiber	Stuttgart-Mühlhausen
8a. **1943/44**	19. Dez.–17. Jan.	Pfarrer Otto und Gertrud Mörike	Flacht
8b.	19. Dez.–17. Jan.	Mesnerin Pauline Essig	Flacht
9.	18.–31. Jan.	Dekan Hermann und Elsbeth Zeller	Waiblingen
10.	1.–23. Febr.	Ing. Karl und Margarete Michel	Stuttgart-Hofen
11.	24. Febr.–16. März	Pfarrer Albert und Debora Kimmich	Beinstein
12a.	17. März–31. März	Pfarrer Theodor und Hildegard Dipper	Reichenbach a.d. Fils
12b.	17. März–ca.10. April	Pfarrer Theodor und Hildegard Dipper	Reichenbach a.d. Fils
13a.	1. April–16. April	Pfarrer Erwin und Hildegard Palmer	Göppingen
14b.	10.–13. April	Pfarrer Paul und Lydia Hornberger	Altbach
15b.	14. April	Pfarrer Paul und Marianne Schmidt	Esslingen
16b.	15. April	Pfarrer Otto und Gertrud Riehm	Ispringen
16a.	17. April–6. Mai	Pfarrer Otto und Gertrud Riehm	Ispringen
17.	7. Mai	Kinderheim	Pforzheim
18.	8. Mai–6. Juni	Pfarrer Rudolf und Hanna Roller	Enzweihingen
19.	6.–19. Juni	Pfarrer Otto und Gertrud Mörike	Flacht
20.	16. Juni	Pfarrer Rudolf und Anne Held	Simmozheim
21.	17. Juni–10. Juli	Dekan Alfred und Margot Brecht	Calw

22.		10. Juli	Pfarrer Johannes und Frieda Wahl	Rutesheim
23.		11.–13. Juli	Eugen Immendörfer (Bauer)	Heimerdingen
24.		13. Juli–9. Aug.	August Scheuermann (Bauer)	Aurich
25.		9.–22. Aug.	Pfarrer Paul und Eugenie Harr	Stuttgart-Sillenbuch
26.		22. Aug.–20. Sept.	Pfarrfrau Elisabeth Goes	Gebersheim
27.		21. Sept.–12. Okt.	Eugen Immendörfer (Bauer)	Heimerdingen
28.		13. Okt.	Pfarrer Eugen und Johanna Stöffler	Köngen
29.		14.–30. Okt.	Pfarrfrau Margarete Werner	Riederich
30.		31. Okt.–13. Nov.	Pfarrer Carl und Maria Jung	Bempflingen
31.		13.–17. Nov.	Apotheker Richard und Anna Kleinknecht	Metzingen
32.		17.–21. November	Pfarrfrau Erika Beierbach	Metzingen
33.		21. Nov.–1. Dez.	Pfarrer Georg und Elisabeth Reith	Oferdingen
34.		1.–14. Dez.	Pfarrwitwe Elsa Elsäßer	Mittelstadt
35.		14.–17. Dez.	Pfarrer Adolf und Elisabeth Rittmann	Dettingen
36a.		17.–20. Dez.	Frau Deck	Neuffen
36b.		17.–20. Dez.	Pfarrer Gotthold und Linchen Hezel	Neuffen
37.	**1944/45**	21. Dez.–15. Jan.	Pfarrer Theodor und Hildegard Dipper	Reichenbach a.d. Fils
38.		16. Jan.–1. Febr.	Magdalena Bopp	Plochingen
39.		2.–3. Febr.	Pfarrer Paul und Marianne Schmidt	Esslingen
40.		4.–9. Febr.	Pfarrer Gottfried und Maria Hermelink	Nufringen
41.		9.–18. Febr.	Pfarrfrau Maria Kleinknecht	Kayh
42.		18. Febr.–16. März	Pfarrer Erhard und Elisabeth Eisenmann	Kuppingen
43.		17. März	Fabrikant Martin und Elise Bitzer	Sindelfingen
44.		18.–19. März	Dekan Hermann und Elsbeth Zeller	Waiblingen
45.		20.–27. März	Pfarrfrau Martha Beck	Korb
46.		28. März–10. April	Dekan Hermann und Elsbeth Zeller	Waiblingen
47.		11.–23. April	Pfarrfrau Hildegard Spieth	Kernen-Stetten (Rems-Murr-Kreis)

genommen wurde, Aufgaben allerdings, die sämtlich auf dem gleichen Gebiete lagen. Eine wahre Nothelferin, die ganz der Rettung von Verfolgten lebte.

Dann standen wir im Pfarrhaus von Köngen. Keiner in Württemberg, der der Kirche nahestand und es nicht kannte, keiner, der nicht von der Gastfreundschaft wusste, die in diesem Hause gewährt wurde und von der sagenhaften Hilfsbereitschaft des kleinen rundlichen Pfarrers Stöffler mit der immer weißen, selbstgebundenen Krawatte und der ewigen Zigarette. Ein Mann, den nichts aus seiner heiteren Ruhe bringen konnte, auch nicht die Aussicht wegen Beherbergung von Juden ins Konzentrationslager zu kommen – und wir waren nicht die ersten in seinem Hause. Es hätte keine noch so gefährliche Situation geben können, die er nicht zu bagatellisieren verstand, wenigstens uns gegenüber, wenn er innerlich auch manchmal anders gedacht haben mochte. Und seine Frau – eine der edelsten Erscheinungen in der Gemeinde der Barmherzigen, die wir durchwanderten. Eine Frau mit einem kranken Herzen, von dem sie jedoch nichts wissen oder hören wollte, einem Gemüt, unerschöpflich in seiner Güte, und einem unübertrefflichen Einfühlungsvermögen in die Schicksale und Nöte anderer Menschen. Und im Pfarrhaus von Köngen gab es anscheinend immer Gäste, die in Not waren. Je größer die Zahl derer war, für die sie sorgte, desto liebenswürdiger wurde sie; wir haben diese wunderbare Frau nie heftig werden sehen. Alle Töchter waren über uns unterrichtet und bemühten sich, uns den Aufenthalt so angenehm wie möglich zu machen, einschließlich der Haustochter Leni und dem aus einer früheren Gemeinde mitgebrachten Margitle, einem Faktotum, das trotz

Trude Kopske, Nachkriegsbild

seiner 70 Jahre uns am liebsten jeden Weg abgenommen hätte. Der älteste Sohn war bereits dem mörderischen Kriege zum Opfer gefallen, aber der Verlust wurde getragen im tiefsten christlichen Glauben, dem gleichen Glauben, der auch unser Erscheinen als eine von Gott gegebene Aufgabe betrachten ließ. Nach einigen Tagen kehrte auch der jüngste Sohn von einem Besuche nach Hause zurück, knapp 16 Jahre alt, fast noch ein Kind, und er brachte uns sein Herz auf Händen entgegen.

Pfarrer Eugen Stöffler und Johanna, geb. Busch, Köngen, mit ihren Kindern (von links nach rechts): Hanna, Heinz, Ursula, Eugen, Ruth und Christa, dreißiger Jahre

Wo er einem von uns einen Liebesdienst erweisen konnte, tat er es, mit einer Selbstverständlichkeit, die uns ein gutes Stück unseres Glaubens auch an die Jugend wiedergab. Bei diesen Kindern war nichts zu merken, dass der Weltanschauungsunterricht der Schulen ihnen das Gebot »Liebe deinen Nächsten wie dich selbst« aus der Seele gerissen hätte. Ihr christliches Fühlen und Denken war durch keinen HJ-Geist getrübt. So lebten wir in diesem Kreise guter und verständnisvoller Menschen wieder auf und fassten neuen Mut zu dem Entschluss, durchzuhalten. Dreimal insgesamt durften wir in diesem Hause weilen, einmal sogar unangemeldet, da es infolge der immer schwerer werdenden Verkehrsverhältnisse nicht mehr möglich war, unser Kommen rechtzeitig anzukündigen. Dennoch wurden wir empfangen, als würden wir schon lange ungeduldig erwartet.

Im Laufe unserer dreimaligen Anwesenheit in Köngen lernten wir viele Menschen kennen, denn immer herrschte in diesem Pfarrhaus Hochbetrieb. Bräutefreizeit, Jungmännertreffen und dergleichen lösten eins das andere ab, alles Dinge, die von der Partei verboten waren; aber dadurch ließ sich Pfarrer Stöffler nicht stören. Jeder, der kam, wurde überdies auf das beste verpflegt, und ich werde nie vergessen, welche Quantitäten die Teilnehmer eines Jungmännertreffens vertilgen konnten! Wenn man fragte, wo bei den knappen Zuteilungen das alles herkomme, pflegte Frau Stöffler zu antworten: »Darum mache ich mir nie Sorgen. Der Herr hilft schon, dass es reicht.« Vor allem lernten wir in Köngen eine ganze Anzahl Pfarrer kennen, die der »Societät« angehörten und die an unserem Schicksal regen Anteil nahmen. Alle wetteiferten darin, uns ohne große Worte zu zeigen, wie sie mit uns fühlten. Glücklicherweise gab es auch für uns beide genügend zu tun. Meine Frau durfte im Haushalt helfen und ich im Garten und an der Schreibmaschine. Denn Arbeit war ja für uns der beste Tröster.

Ganz ohne Sorge ging es aber auch bei diesem Aufenthalt, der zur Sorglosigkeit doch alle Voraussetzungen bot, nicht ab. Das, was uns ernste Kopfzerbrechen machte, war unser Gepäck. Es musste noch immer auf dem Stuttgarter Hauptbahnhof liegen. Dort aber hatte in jenen entsetzlichen Stunden – jede Erinnerung daran jagte uns neue Schauder über den Rücken – die Polizei unsere Personalien aufgenommen. Wenn auch alles fingiert war, so bestand doch die Möglichkeit, dass in ihren Akten sogar die Nummer unseres Gepäckscheines stand. Sollten sich nun wirklich bei einer Rückfrage in Berlin unsere Angaben als falsch herausgestellt haben, so mussten wir damit rechnen, dass wir bei dem Versuch, das Gepäck abzuholen, abermals festgenommen wurden. Das war die Schlinge, mit der sie uns fangen konnten. Tagelang brachten wir nicht den Mut auf, danach zu fragen, aber wir besaßen ja sonst keinerlei Kleidung oder Wäsche. Auf die Dauer ließ sich dieser Zustand nicht durchhalten. Und wir überlegten hin und her, wie man zu den Koffern kommen könnte, ohne uns selbst zu gefährden. Nach einer neuen Beratung erklärte sich Pfarrer Stöffler selber bereit, zusammen mit einem Kollegen die Sache für uns zu regeln. Wenn jedoch unsere Befürchtungen zutrafen und die beiden festgestellt würden, dann bestand die Gefahr, dass unsere Helfer samt ihren Familien und wahrscheinlich die ganze B.K. in tödliche Schwierigkeiten gekommen wären. So baten wir dringend, davon abzusehen und beschlossen, das Problem doch lieber persönlich zu lösen. Wir rechneten uns aus, dass es mit Hilfe eines Dienstmannes gehen müsse. Aus der Ferne wollten wir beobachten, ob man ihn vielleicht an der Gepäckausgabe anhalten würde. Sollten wir die kleinste verdächtige Wahrnehmung machen, wollten wir lieber das Gepäck im Stich lassen und verschwinden, als uns neuen Unannehmlichkeiten aussetzen. Der Plan schien gut, aber er scheiterte leider daran, dass es zu dieser Zeit am Stuttgarter Hauptbahnhof keinen Dienstmann mehr gab. So blieb uns doch nichts weiter übrig, als das Risiko selber auf uns zu nehmen. Gemeinsam traten wir an den Gepäckschalter, gaben den Schein ab und beobachteten scharf Mienen und Bewegungen des Beamten. Es geschah nichts. Gleichgültig zog er mit ihm davon, gleichgültig kehrte er mit den Koffern zurück und händigte sie uns aus. Man schien sich also doch nicht in Berlin erkundigt zu haben, und abermals verfielen wir ins Grübeln, was den Kommissar zu seiner seltsamen Großzügigkeit veranlasst haben konnte. Jedenfalls waren unsere Befürchtungen umsonst gewesen, und mit großer Freude verfrachteten wir unseren Besitz, unsere ganze und letzte Habe, nach Köngen, um selbst nach Wendlingen zu fahren. Von unserer gewohnten Vorsicht gingen wir aber trotz dieses Erfolges nicht ab. Wie gewöhnlich, hielt ich auf dem Bahnsteig scharf nach verdächtigen Erscheinungen Ausschau. Dabei fiel mir ein Mann auf, der dem äußeren Bilde nach ein Kriminalbeamter sein konnte. Auch hielt er sich übermäßig lange vor dem Zuge auf, und wir beschlossen, ihn nicht zu benutzen. Anscheinend hatten wir mit unserer Vermutung recht, denn der Mann sprang noch im letzten Augenblick auf den bereits fahrenden Zug, und im Vorübergleiten des betreffenden Wagens sahen wir noch, wie einige Reisende nach ihren Brusttaschen griffen, offenbar um die Ausweise zu zücken. So benutzten wir zur Heimkehr abermals die Straßenbahn, was zwar umständlicher, dafür aber auch viel sicherer war.

Vorsichtig genug konnten Menschen in unserer Lage überhaupt nicht sein; unsere Gegenspieler hießen Himmler und Gestapo. Wir wären ihnen sicher ein willkommener Fang gewesen.

Frohlockend nahmen wir in Köngen unsere Habseligkeiten in Besitz. Doch mittlerweile waren wir bereits drei Wochen hier, und wenn wir nicht auffallen wollten, hieß es weiterwandern. Da sich kein Haus fand, das uns beide zusammen aufnehmen konnte, so musste meine Frau nach Kirchheim, zu einer Lehrerin, die wegen ihrer kirchlichen Einstellung bei ihren vorgesetzten Stellen nicht sehr beliebt war. Da man sie aber anscheinend brauchte, schlug ihre Stunde erst verhältnismäßig spät. Man entfernte sie von ihrem leitenden Posten und setzte sie weit vom Wohnort entfernt als Handarbeitslehrerin ein. Obwohl diese Erfahrungen sie sehr verängstigt hatten, fand sie den Mut, meine Frau bei sich aufzunehmen. Aber sie wollte nicht, dass sie das Haus verlasse oder dass sie den anderen Hausbewohnern auffiel. Ganz still sollte sie sich tagaus, tagein verhalten und sich vor niemanden sehen lassen. Das heißt, sie wurde gehalten wie eine Gefangene. Das Ergebnis war, dass sie in den fünf Kirchheimer Wochen, einer Zeit ständiger Klausur und fast immerwährendem Alleinseins, einen Nervenzusammenbruch bekam.

Ich selbst sollte in das Pfarrhaus von Wankheim kommen. Das bedeutete eine Strecke von vierzig Kilometern, die mit dem Rade zurückgelegt werden mussten: für mich, der ich seit zwanzig Jahren nicht mehr auf einem solchen Vehikel gesessen hatte, eine gewaltige Anstrengung – zumal ich unterwegs zu meinem Schrecken entdeckte, dass auch Radfahrer auf der Landstraße kontrolliert wurden. Im letzten Augenblick konnte ich zwar einer bedrohlichen Situation entgehen, kam aber mehr tot als lebendig in Wankheim an. Dort stellte sich heraus, dass man auch gut meine Frau hätte unterbringen können, es war aber nur um Quartier für mich gebeten worden. Das Verhältnis zur Pfarrersfamilie wurde überaus herzlich. Schon früher hatten sie des öfteren Juden bei sich verborgen. Die Andachten in der Hauskapelle, morgens um sechs, mittags um zwölf, nachmittags um sechzehn und abends um zwanzig Uhr waren für mich ein Quell der Ruhe und Freude, der inneren Genesung. Sie erinnerten mich sehr an unsere eigenen Gottesdienste, und das Psalmodieren packte mich immer aufs neue. Da der Herbst

1943 dem Württemberger Land eine Rekordernte bescherte, hatte ich es nicht geschafft, in den ersten drei Wochen meiner Anwesenheit alles Obst von den Bäumen zu holen, so dass ich noch eine vierte bleiben durfte. Neben seiner Wankheimer Gemeinde hatte Pfarrer Gölz noch eine weitere auf der Alb zu versorgen, was ihn oft viele Tage von Hause fernhielt. Doch als ich ihm von den Nöten meiner Frau in Kirchheim erzählte, nahm er sich trotz seiner Überbeanspruchung die Zeit, sie dort

Richard Gölz, Pfarrer in Wankheim, und Hilde, geb. Werner, März 1942

aufzusuchen und ihr die tiefe Depression überwinden zu helfen. Auch die Lehrerin, der der Zustand meiner Frau nicht verborgen geblieben war, suchte mich in Wankheim auf, und unsere Aussprache blieb nicht fruchtlos.

Langsam schien es sich zur festen Regel zu entwickeln, dass es ohne Schreckschuss auf keiner einzigen Station abging, wenn man auch noch so sehr alle Unannehmlichkeiten von mir abzuhalten suchte. Es war nicht ausgeblieben, dass der Bürgermeister, der Lehrer und der Ortsgruppenleiter mich täglich in Hof und Garten des Pfarrhauses arbeiten sahen. So kam eines Abends ein Schulkind und brachte die schriftliche

Aufforderung des Ortsgruppenleiters, die im Hause anwesenden Gäste unter genauer Angabe ihrer Personalien sofort zu melden. Pfarrer Gölz war nicht zu Hause und die Pfarrerin ließ sich nicht merken, dass sie genau so erschrocken war wie ich. Der Zettel bedeutete nichts Gutes. Wir beschlossen daher, die Rückkehr des Hausherrn abzuwarten, ehe wir etwas unternahmen. Auch er sah die Sache als nicht ganz ungefährlich an. Für alle Fälle sollte ich mich fertig machen, um am nächsten Morgen das Haus zu verlassen. Wohin ich mich dann wenden sollte, wusste ich allerdings nicht. Vorher jedoch würde die Frau Pfarrer dem Ortsgruppenleiter zufällig über den Weg laufen und ihn dabei möglichst harmlos nach dem Grund seiner Aufforderung fragen. Hinter der Gardine versteckt lauerten wir, dass die gewaltige Persönlichkeit des Dorfes auf der Straße auftauchen sollte. Aber er kam nicht. In der Nacht hat von den Erwachsenen des Wankheimer Pfarrhauses keiner viel geschlafen. Am nächsten Morgen ein Alarmruf! Da war er! Blitzschnell waren Pfarrfrau und Pfarrtochter aus dem Hause und kreuzten seinen Weg. Ich selbst hatte hinter dem Vorhang Posten bezogen. Nach einigen Minuten schon kehrte die Tochter zurück und konnte melden, dass die Sache wahrscheinlich mit mir direkt nichts zu tun habe. Nach und nach stellte sich die wirkliche Ursache heraus. Alle Ortsgruppenleiter hatten die Anweisung erhalten zu melden, wie viel bombengeschädigte Flüchtlinge aus den Großstädten an Rhein und Ruhr bereits in ihren Bezirken untergebracht seien, und der Wankheimer Ortsgruppe war wohl bekannt, dass das Pfarrhaus Gäste beherbergte. Man hatte mich also für einen Bombenflüchtling gehalten, und dieses Bewusstsein war für mich eine Beruhigung von ungeheurem Wert. Später erfuhr ich, dass in Kirchheim bei meiner Frau dieselbe Anfrage eingelaufen war; denn mit meiner Frau stand ich in regem Briefwechsel, vielleicht reger, als es angezeigt war. Aber die Post ging niemals von einem zum anderen direkt, sondern immer abwechselnd über einen Familienangehörigen des Hauses oder einen Gast, da man nie wissen konnte, wessen Post gerade überwacht wurde. – Oberstleutnant Werner, der Bruder von Frau Gölz, kam überraschend zu Besuch. Offiziell wusste er von meiner Herkunft nichts, privat tat er alles, um mir zu helfen. Ich werde nie vergessen, wie ich einmal unter seiner Obhut, er war in Uniform, nach Tübingen ging und die Landwacht auf den Straßen alle Fremden kontrollierte. Da gab er mich als seinen Kofferträger aus, und sein entschlossenes Auftreten hinderte die Kontrolle, neugieriger zu werden.

Pfarrer Gölz, mein guter Freund, hat seine Hilfsbereitschaft und seine Nächstenliebe bitter bezahlen müssen. Wie vor mir, nahm er auch nach mir jüdische Flüchtlinge bei sich auf. Einer von ihnen, ein Berliner Arzt, scheint sich dabei doch etwas zu auffällig und unvorsichtig benommen zu haben. Es war die Zeit nach dem 20. Juli 1944, dem Tage des missglückten Attentats auf Hitler, als sich die Gestapo für alle in den einzelnen Gebieten Ortsfremden interessierte. Die Sache ließ sich zunächst verhältnismäßig harmlos an. Es gab nur ein Strafmandat über einige Mark wegen unterlassener Meldung eines Besuches. Doch dadurch war die Gestapo aufmerksam geworden. Durch einen Zufall kam ihr zu Ohren, dass es sich um einen ihrem Zugriff bisher entkommenen Juden handele, und Pfarrer Gölz wurde ins Konzentrationslager Welzheim gebracht, wo er bis Mitte April, also kurz vor dem Eintreffen der Amerikaner, festgehalten wurde. Dies unverdiente Schicksal und die Ängste seiner Familie haben uns schwer bedrückt, und wir atmeten auf, als wir Ende April erfuhren, dass er nach Hause zurückkehren durfte.

Dora (Dorle) Pfeiffer, 1935

Bevor die Stunde zum Weiterziehen wieder schlug, lernte ich in Wankheim noch einen Menschen kennen, der uns in den nächsten Monaten ungeheuer viel bedeuten sollte, Fräulein Dorle Pfeiffer, die Tochter eines Stuttgarter Fabrikanten. Sie zog sich in das Wankheimer Pfarrhaus zurück, um hier in der Stille ihre Vorbereitungen für ein Examen abzuschließen. Da sie fast immer auf ihrem Zimmer arbeitete, sahen wir uns nur gelegentlich bei Andachten und Mahlzeiten. Hin und wieder kam es dabei zu einer kurzen Unterhaltung, und ich erfuhr, dass sie in Marburg mit der Tochter des Blumberger Pfarrhauses Wendt zusammen gewesen war. Mit der Zeit fanden sich noch mancherlei andere Berührungspunkte. Sie war kein Mensch der großen Worte. Das Handeln lag ihr näher. Und darin zeigte sich, wie sie mit uns, den Verfolgten, fühlte. Einmal erklärte sie, sie habe dringend in Kirchheim zu tun. Ich wusste sofort, dass sie damit nur mir und meiner Frau helfen wollte, deren schwere Depressionen zu überwinden. Was sie für uns tat, tat sie genau so noch für manche andere in gleicher Lage. Wie oft sandte sie uns Lebensmittelmarken, die sie sich tatsächlich vom Munde abgespart hatte. Ich weiß nicht, wie groß die Zahl der Wege und Fahrten war, die sie um unsretwillen unternahm. Manches Mal erschien sie an ganz abgelegenen Plätzen, um uns zu besuchen, auch später, da das Eisenbahnfahren im Lande wegen der dauernden Tieffliegerangriffe kein Vergnügen mehr war. Kein Brief von ihr, der uns nicht getröstet hätte und uns nicht Mut zusprach, und oftmals kamen diese Zeilen gerade im rechten Augenblick, wenn wir nahe daran waren, zu verzweifeln. Als ich mich auch von ihr verabschiedete, wusste ich, dass wir einen wirklichen Freund gewonnen hatten.

Pfarrfamilie Ernst und Maria Rapp, geb. Lang, mit den Kindern Maria, Ernst und Paul

Die Wankheimer Bemühungen hatten sich vor allem darauf konzentriert, mich im Gomaringer Pfarrhaus unterzubringen. Sie scheiterten daran, dass die Gendarmerie dort ein Stockwerk für ihre Amtszimmer benutzte – für mich keine sehr verlockende Nachbarschaft. Bange Tage traten ein, da sich weder für meine Frau noch für mich eine andere Möglichkeit des Unterschlupfes zeigte. Dann endlich eine Nachricht! Auf eine Woche sollte ich nach Owen zu Pfarrer Rapp, der dann Dekan in Sulz wurde. Für den Weg dorthin blieb mir das Fahrrad abermals nicht erspart. Owen galt als ein mit Gefolgsleuten Hitlers reich gesegneter Platz und stand unter der Führung eines Ortsgruppenleiters, der sehr von sich reden machte. Ein Verlassen des Hauses oder gar ein Gang durch die Straße war hier ganz unmöglich. Umso herzlicher wurde ich dafür von Familie Rapp aufgenommen, und trotz der besseren Gefangenschaft wäre ich später gern in dieses Haus zurückgegangen, doch ist nie wieder etwas daraus geworden. Als nach Ablauf dieser Woche sich abermals kein Lichtblick für uns auftat, auch meine Frau musste jetzt aus Kirchheim fort, war das Köngener Pfarrhaus dasjenige, das uns zum zweiten Male seine Tore öffnete. Das Kirchheimer Bähnle brachte uns bis Wendlingen, wo uns Frau Pfarrer Stöffler persönlich in Empfang nahm. Für die zerrütteten Nerven meiner Frau hätte es keine bessere Erholung geben können als diese Zuflucht, und sie verfehlte ihre Wirkung nicht. Am 4. Oktober waren wir eingetroffen und am 5. hatte meine Frau Geburtstag. Es wäre uns nicht eingefallen, davon zu sprechen, aber in Owen hatte ich den Tag erwähnt und dafür beim Abschied ein herrliches Paket mit Obst und Nüssen und wunderbare Blumen bekommen, die es unmöglich machten, den Anlass zu verheimlichen. Man krönte uns diesen Tag mit einem uns erschütternden Konzert der Pfarrkinder in der Köngener Kirche.

11. Oktober 1943. Ein Wendepunkt, ein Meilenstein auf unserer schwäbischen Wanderschaft. Fräulein Hünlich, die Lehrerin, erwartete uns in Wendlingen, um uns mit der Bahn nach Cannstatt ins Pfarrhaus Dilger zu bringen. Da sie nicht die Nerven besaß, mit uns im gleichen Wagen zu fahren, sahen wir uns erst auf dem Cannstatter Bahnhof wieder. An diesem Tage kamen wir in ein Haus, dessen Herr dem »Bruderrat« angehörte, und dieser bzw. die einzelnen Pfarrer des Bruderrates nahmen uns von da an in ihre Obhut bis zum letzten Tage unserer Flucht. Außer dem Ehepaar Dilger befand sich niemand im Hause. Die Kinder waren der Luftangriffe wegen teils in Kirchheim, teils mit der Haustochter in Nellingen auf der Alb. Die Pfarrersleute selbst waren erst einen Tag vor unserer Ankunft aus ihrem Urlaub zurückgekehrt.

Alle Voraussetzungen für eine ruhige Geborgenheit schienen gegeben, nur der Verwalter des nebenan liegenden Vereinshauses galt als ein etwas neugieriger Mann und konnte eine Gefahr bedeuten. Tatsächlich sprach er uns recht unverfroren an, als wir mit ihm im Luftschutzkeller zusammentrafen, aber wir lavierten uns durch seine verfänglichen Fragen hindurch. Pfarrer Dilger, ein Pastor im wahrsten Sinn des Wortes, war bekannt durch sein besonderes Verständnis für das Leid der Menschen, da er selbst schon viel durchlitten hatte. Als junger Soldat verlor er im ersten Weltkriege ein Bein und musste eine Prothese tragen. Doch das hinderte ihn nicht, seinen Dienst zu tun, der immer mehr anschwoll, denn ein Pfarrer nach dem anderen wurde eingezogen und die Last auf die Zurückbleibenden verteilt. Trotzdem war er ohne zu ermüden für uns unterwegs, mit dem Rad, mit der Bahn und zu Fuß. Die nächsten Angehörigen hätten nicht liebevoller behandelt werden können als wir, und so innig wie die Andachten des Hauses war das Verhältnis zwischen dem Gastgeberpaar und uns. Wie gerne gingen wir in die Lutherkirche, wenn Pfarrer Dilger auf der Kanzel stand. Atemlos lauschten wir inmitten seiner Gemeinde, als er die Predigt hielt »Und Gott schweigt?«, einer Rede, in der er verantwortungsbewusst und kühn zu den Ereignissen und dem Leben der Zeit Stellung nahm. – Mit Gartenarbeiten und Holzhacken war ich vollauf beschäftigt und glücklich, als ich beim Bau eines Luftschutzkellertunnels für Pfarrer Dilger einspringen durfte. Hier in Cannstatt erreichte uns aus dem pommerschen Pfarrhaus Frank in Rehwinkel ein hochwillkommenes, reichhaltiges Lebensmittelpaket. Es kennzeichnet den Geist des Hauses, dass, obwohl man es bis dahin fertig

Martha Hünlich (rechts), Handarbeitsdozentin in Kirchheim/T., 1952

gebracht hatte, mit nur zwei Lebensmittelkarten noch zwei Erwachsene mit zu verpflegen, man nur den geringsten Teil, und auch den nur unter Zwang von uns annehmen wollte, statt dessen darauf bestand, dass wir den größten mit uns nähmen auf unseren ferneren Weg für andere Häuser, die es vielleicht notwendiger brauchten. Als die Arbeitsüberlastung des Pfarrers so überhand nahm, dass er nicht noch zusätzliche Fahrten für uns bewältigen konnte, sprang Dorle Pfeiffer ein. Aber das erfuhren wir erst später, denn sie hatte sich verbeten, dass uns davon etwas gesagt werde. Nach und nach lernte ich im Verlaufe dieses Aufenthaltes eine ganze Reihe anderer Württemberger Pfarrer kennen, unter ihnen einen Mann, der der Angelpunkt und der Motor unseres weiteren Aufenthaltes in diesem Lande werden sollte, ein Mann, der uns mit so gewinnendem Lächeln begrüßte und so herzliche Worte für uns fand, dass ich, ohne zu wissen warum, spürte, er würde noch eine bedeutende Rolle in unserem Leben spielen. Dieser Mann war Pfarrer Otto Mörike aus Flacht.

Pfarrehepaar Alfred und Luise Dilger, geb. Weegmann, Bad-Cannstatt, sechziger Jahre

Nach vier Wochen gelang es Pfarrer Dilger, uns unterzubringen. Allerdings wiederum getrennt. Meine Frau kam zu Pfarrer Professor Delekat in Stuttgart-Ostheim. Von Sachsens Gauleiter Mutschmann war er seines Postens enthoben worden und hatte, wie so viele seiner Amtsbrüder aus dem ganzen Reiche, unter den Fittichen des Landesbischofs D. Wurm eine Zuflucht gefunden. Meine Frau in diesem Großstadthaushalt von drei Personen mit zu ernähren, dürfte nur möglich gewesen sein, weil die Pfarrer des Bruderrates, wie schon in Cannstatt und überall, wo Not am Mann war, tatkräftig einsprangen. Sicher haben auch ihre Gemeindemitglieder dazu beigetragen, ohne jedoch zu ahnen, wem sie eigentlich mit ihren Gaben halfen. Überhaupt waren die äußeren Umstände schwieriger geworden. Der Winter setzte ein und die Beheizungsfrage weitete sich zum Problem. Die geräumigen Pfarrhäuser ließen sich nur schwer erwärmen, und wir litten sehr unter der Kälte. Eine Erleichterung für uns beide war – ich befand mich in Korntal –, dass wir uns hin und wieder in Stuttgart treffen konnten, doch dazu musste ich, da ich die Eisenbahn nicht benutzen wollte, entweder nach Zuffenhausen oder nach Weilimdorf laufen, wo ich die Straßenbahn erreichte. Eines Tages hörten wir, dass, dirigiert durch unseren Stuttgarter Retter Müller, eine Frau Braun aus Berlin eingetroffen sei. In Wirklichkeit hieß sie Friedemann, war zum Christentum übergetreten, doch die Zeit hatte ihr die gleichen Sorgen gebracht wie uns. Da im Haus des Professors Delekat kein Platz mehr war, verwies man sie nach Zuffenhausen. Noch ein anderes Wiedersehen gab es in Ostheim. Dr. Jannasch, aus Berlin-Dahlem, unser Berliner Mentor, suchte das Pfarrhaus auf, als er sich auf einer Vortragsreise durch Württemberg befand. Er wunderte sich sehr, weshalb wir noch nicht die Schweizer Grenze überschritten hätten. Wenn das so einfach gewesen wäre! Von den Schwierigkeiten, mit denen eine Annäherung an diese Grenze verbunden war, schien man in Berlin nichts zu ahnen.

Pfarrer Prof. Dr. Friedrich Delekat mit Frau Hedwig, geb. Bickel, Stuttgart, o. D.

In Korntal, wohin mich Pfarrer Dilger aus Cannstatt persönlich brachte, wurden wir am Ortseingang von Pfarrer Maurer erwartet. Als Missionar war dieser einige Jahrzehnte in China gewesen, bei einer Urlaubsreise in Europa vom Kriege überrascht worden und hier geblieben. Er gehörte zu der kleinen Gruppe von Pfarrern, die seinerzeit bei den kommunistischen Unruhen in China von kommunistischen Abteilungen, besser Räuberbanden, lange Zeit gefangen gehalten und im Lande herumgeschleppt wurde. Dieses Ehepaar, kinderlos, kannte die Welt und hatte sich einen klaren Blick für das Geschehen in allen Erdteilen bewahrt. Frau Pfarrer Maurer, gebürtige Schweizerin, war ebenfalls alles andere als ein Freund des Naziregimes. Ich bekam in ihrem Hause ein eigenes Zimmer, das ich mir trotz der Knappheit an Kohlen jeden Abend heizen durfte. Einmal musste mich ganz überraschend auch meine Frau besuchen, weil sich in Ostheim eine Situation ergeben hatte, die es geraten sein ließ, dort zu verschwinden. Professor Delekat war ohne Angabe eines Grundes von der Gestapo zur Vernehmung bestellt worden, und da es erfahrungsgemäß oft vorkam, dass während der Vernehmung des Geladenen zugleich eine Durchsuchung seiner Wohnung stattfand, schien es zweckmäßig, dort von keinem Unbefugten in Augenschein genommen zu werden. Ein kurzer telephonischer Anruf bat mich, sie an der Endstation der Straßenbahn abzuholen. Nähere Erklärungen waren nicht möglich. Wieder ein Zwischenfall, der an unseren Nerven riss. Verabredungsgemäß sollte in verschlüsselten Stichworten das Ergebnis des Verhörs gleich nach Korntal durchgesagt werden, und zu unserer Erlösung ergab sich, dass einer Rückkehr meiner Frau nach Ostheim nichts im Wege stand. Es hatte sich nicht um meine Frau gehandelt. Der Grund war aber genau so triftig: Professor Delekat stand im Verdacht, für holländische Fremdarbeiter einen Gottesdienst abgehalten zu haben, ein für Himmlersches Denken empörendes Verbrechen.

Pfarrer Wilhelm Hermann Maurer und Frau Emma Valeria Maurer, geb. Ziegler, Korntal, um 1947

Seit Mitte des Sommers mehrten sich die Fliegerangriffe auch auf Süd- und Südwestdeutschland. Um diese Zeit wurde Stuttgart zum ersten Male in der Nacht schwer bombardiert. Ich stand im Garten des Korntaler Pfarrhauses und sah dem Feuerwerk am Himmel und auf der Erde zu – mit angehaltenem Atem, denn in Ostheim wusste ich meine Frau. Von einem Telefonhäuschen aus, zu dem sie nach dem Angriff stolperte, teilte sie mir nach bangem Warten mit, dass das Ostheimer Pfarrhaus unbeschädigt sei. Es gab von da ab nur wenige Nächte, die wir nicht in den Luftschutzkellern der verschiedensten Häuser verbrachten, die uns Obdach gewährten. Doch keinem von ihnen ist während unserer Anwesenheit etwas Ernstliches geschehen. Erst später fiel das Ostheimer Pfarrgebäude einem Angriff zum Opfer. Ich nutzte den Rest meiner Korntaler Zeit, in dem ich bei der Vervielfältigung der Sonntagspredigten half. Sie durften ja von den Pfarrern nicht direkt ins Feld geschickt werden, da die Staatsführung sie nicht als geeigneten Lesestoff für die Soldaten betrachtete. Sie konnten deshalb nur von den einzelnen Gemeindemitgliedern den Feldpostbriefen beigelegt werden.

Weihnacht und Winter

Das Weihnachtsfest rückte heran, für uns ein Anlass, düster in die Zukunft zu blicken; denn es schien aussichtslos zu sein, uns über die Festtage irgendwo unterzubringen. Es gab ohnehin kein Pfarrhaus mehr, das nicht bereits Bombengeschädigte aufgenommen hatte, und nun kamen bei dem einen noch die Kinder nach Hause, die in den Städten die Höhere Schule besuchten, bei den anderen hatten sich Verwandte angemeldet, die sich über die Festtage in den Dörfern etwas erholen wollten. Bangen Herzens erwarteten wir das Fest, auf das sich die anderen freuten. Nach vierwöchiger Anwesenheit in Korntal bzw. Ostheim war es wieder höchste Zeit, den Ort zu wechseln, und Pfarrer Schreiber in Stuttgart-Mühlhausen erklärte sich bereit, uns wenigstens eine Woche zu behalten. Über das Weihnachtsfest aber könne er uns nicht beherbergen, da auch er seine Kinder erwartete. Mit einem kleineren Teil unseres Gepäcks beladen traf ich meine Frau an der Straßenbahn, und wir fuhren nach Mühlhausen. Trotz rührender Fürsorge hatten innere Not und Unruhe schon sehr an meinen Körperkräften gezehrt, und das Tragen von Koffern, wenn es auch nur einige Kilome-

Pfarrer Gustav Adolf Schreiber, Stuttgart-Mühlhausen, 1942

ter waren, fiel mir sehr schwer. Pfarrer Schreiber, im ersten Weltkriege schwer verletzt, war krank, doch trotz aller Schmerzen frohgemut und sogar lustig. Seine Frau, die wusste, wie es um ihn stand, gab sich alle Mühe, bei ihrer Sorgenlast uns den Aufenthalt so angenehm wie nur möglich zu machen. Der Kohlenknappheit wegen wurde nur ein Zimmer im ganzen Hause geheizt, das als Wohn-, Speise- und Arbeitszimmer gleichzeitig benutzt werden musste, aber für uns schleppte der kranke Hausherr bisweilen selbst so viele Kohlen herbei, dass wir nie zu frieren brauchten.

Mesnerin Pauline Essig, Flacht. Mitte der sechziger Jahre

Inzwischen war Dorle Pfeiffer wieder tätig gewesen. Wir erfuhren, dass wir nach Altbach sollten und beorderten unser Gepäck, das teilweise noch in Ostheim und in Korntal lag, dorthin. Doch im letzten Moment sagte Altbach ab und das Flachter Pfarrhaus sprang ein. Mit der Straßenbahn schlängelten wir uns durch bis Weilimdorf, gingen zu Fuß nach Korntal und benützten von dort die Strohgäubahn bis Weissach. Denn man hatte uns gesagt, dass dieses Bähnle bisher noch niemals kontrolliert worden sei. Wir kamen auch glücklich in Weissach an und wanderten hinüber nach Flacht – schweren Herzens, denn wir wussten, dass man uns jetzt nur dorthin kommen ließ, weil es beim besten Willen keine andere Möglichkeit gegeben hatte. So fürchteten wir, als lästig betrachtet zu werden und waren um so angenehmer überrascht über die Herzlichkeit, mit der wir empfangen wurden. Meine Frau durfte im Pfarrhause wohnen, während ich bei der Mesnerin untergebracht wurde. Im Pfarrhause waren außer fünf Kindern, einer Haustochter und der Mutter der Hausfrau noch deren Bruder sowie der verwundete Pflegesohn zu Gast. Aber wir Fremde – und Andersgläubige – wurden

Pfarrer Otto Mörike und seine Frau Gertrud, geb. Lörcher, mit ihren Kindern, von links nach rechts: Irmela, Frieder, Ursula, Dora, Magdalene (Flacht, Kriegszeit)

fast noch liebevoller behandelt als die eigenen Angehörigen. An allen Vorbereitungen zum Weihnachtsfest durften wir teilnehmen, für uns in vieler Beziehung etwas ganz Neues, und immer fester wurde das Band, das uns mit dem Ehepaar Mörike verknüpfte. Pfarrer Mörike, der früher in Kirchheim amtiert hatte, war dort wegen seiner kirchlichen Einstellung und seiner offenen Kritik an Maßnahmen von Partei und Staat bei Nacht in seiner Wohnung überfallen und misshandelt worden und durfte überdies längere Zeit keine Kanzel mehr betreten. Er war bei allen Ämtern der Gestapo eine bekannte Persönlichkeit, was ihn aber nicht hinderte, sich immer von neuem und pausenlos verfolgter Juden anzunehmen. Denn dass wir jetzt erst zu ihm kamen, lag nur daran, dass sein Haus in den letzten Monaten fortwährend solche Gäste beherbergt hatte, wie wir es waren. Seine Vergangenheit war natürlich in allen seinen Gemeinden wohl bekannt, und gerade sie trug dazu bei, dass er außerordentlich geschätzt wurde. Wenn man auch vielleicht nicht allenthalben wusste, dass er verfolgte Juden bei sich aufnahm, so war es doch ein offenes Geheimnis, dass er für KZ-Häftlinge sorgte, und reichlich flossen die Gaben aus seinen Gemeinden. Mancher Häftling in den Konzentrationslagern dankt sein Leben der Hilfe dieses Pfarrers und den Mitgliedern seiner Gemeinde. Was uns besonders wohltuend berührte, war, dass er so gar keine Furcht hatte, wir könnten bei ihm entdeckt werden. So nahm ich nicht nur an jeder Andacht, jeder Bibelstunde und an sonstigen kirchlichen Veranstaltungen teil, sondern auf Wunsch des Pfarrers veranstaltete ich sogar in verschiedenen Gemeindesälen stark besuchte Lichtbildervorführungen, ohne dass irgend jemand auf den Gedanken gekommen wäre, sich deshalb besonders für mich zu interessieren. Eine, wie es scheinen mag, absurde und halsbrecherische Idee, aber ein Beweis für seine Ansicht, die nicht überall geteilt wurde, dass die Gefahr für alle Beteiligten um so geringer war, je unbekümmerter wir uns bewegten. Obwohl dieser Weihnachtsaufenthalt sich erst in letzter Minute ergeben hatte, fanden auch wir schöne Gaben unter dem Baum, und es tat uns weh, dass wir nicht Gleiches mit Gleichem vergelten, sondern lediglich dem Hausherrn ein paar Kleinigkeiten schenken konnten, während die übrigen leer ausgehen mussten. Aus den weihnachtlichen Gesprächen dieser Tage mit Pfarrer Mörike habe ich die Kraft genommen, trotz aller Mühsal unseres Daseins, der ständigen Gefahr und der, wie es uns manchmal scheinen wollte, Aussichtslosigkeit unseres Beginnens im Vertrauen auf Gottes Führung den einmal beschrittenen Weg fortzusetzen. Die sichere Art des Hausherrn gab auch uns Sicherheit und Zuversicht.

Bereits in Cannstatt hatte ich erfahren, dass wir Mitte Januar nach Waiblingen ins Dekanat kommen sollten. Die Zeit rückte näher, aber uns graute vor dem weiten Weg. Dennoch mussten wir Abschied nehmen und zu Fuß, mit dem Bähnlein, mit der Straßenbahn bis Fellbach und wieder zu Fuß erreichten wir Waiblingen. Unser Freund Pfarrer Dilger hatte sich bereits, als wir bei ihm waren, mit seinem Amtsbruder Keitel in Waiblingen in Verbindung gesetzt, aber weder bei diesem noch im Hause des Pfarrers Kimmich war Platz für uns vorhanden. So wandten sie sich an den Dekan. Die Unterhaltung zwischen den beiden hatte mit den Worten begonnen: »Und jetzt habe ich dir etwas zu sagen, was das Schnaufen nicht verträgt«, eine Redensart, die in Württemberg bedeutet, dass darüber nicht gesprochen werden darf. Das Dekanat erklärte sich bereit. Man hatte uns unterwegs schon angekündigt, zu welch guten und hilfsbereiten Menschen wir in Waiblingen kommen würden, und wir wurden nicht enttäuscht. Enttäuscht konnte höchstens das Dekanat von uns sein, denn das Schicksal ließ uns sehr oft und manchmal noch für sehr lange Zeit dort einkehren. Warm war es nicht, dazu waren die Kohlen zu knapp, aber umso wärmer und gütiger strahlte es aus den Herzen der Dekanatsbewohner. Die wohltuende Ruhe des Hausherrn, den nichts erschüttern konnte, übertrug sich auch auf uns. Den Kindern hatten die Eltern gesagt, wir seien Verfolgte, und sie sollten nicht viel fragen, noch darüber reden. Sie wetteiferten miteinander, uns etwas Liebes zu tun. Bereits am zweiten Tag unseres Aufenthaltes wurde meine Frau »Acker-Fraule« genannt, und dieser Name blieb an ihr hängen. Wie sehr man sich in der Tat mit uns beschäftigte, sollten wir in seinem ganzen Ausmaß erst später erfahren. Gesprächsweise erwähnten wir einmal, dass wir im Oktober des Jahres 1944 unsere Silberne Hochzeit feiern könnten, und wenn wir diesen Tag noch erleben sollten, würde doch kein Mensch daran denken. Denn unsere Angehörigen waren entweder tot, verschollen oder in alle Welt zerstreut. Zehn Monate später, als der Oktober kam, waren die Bewohner des Waiblinger Dekanats die einzigen, die uns Glückwünsche sandten. – In den ersten Tagen war man unsicher, ob nicht vielleicht doch eine Entdeckung zu befürchten sei, und wir verließen das Haus nur durch den Mauergang. Aber Pfarrer Mörike, der uns bald besuchte, zerstreute diese Befürchtungen, und

Pfarrer Albert Kimmich, Beinstein, o.D.

Dekan Hermann Zeller, Waiblingen, mit Frau Elsbeth, geb. Müller, und Tochter Magdalene, Frühjahr 1951

wir bewegten uns ganz ungezwungen. Auf alles Mögliche wäre man wohl zu dieser Zeit in Deutschland gekommen, nur nicht darauf, dass im Lande noch Juden versteckt und verborgen gehalten werden. Dekan Zeller pflichtete dieser Auffassung bei und machte alsbald mit uns einen Spaziergang durch die Stadt.

So oft es ging, fuhren wir nach Stuttgart, doch nur mit dem Omnibus und der Straßenbahn, denn die Eisenbahn galt es mehr denn je zu meiden. Wir waren heilfroh, in Stuttgart das eine oder das andere für den Magen auftreiben zu können, denn das Dekanat lebte nur von den eigenen Lebensmittelkarten und dem, was frühere Gastgeber uns an Marken schickten.

Gern wären wir noch länger als zwei Wochen geblieben, aber unsere nächsten Gastgeber wünschten, dass wir bald kämen, da sie selbst verreisen mussten und uns noch vorher bei sich haben wollten. So zogen wir nach Stuttgart-Hofen zu Ingenieur Michel. Es war verabredet worden, dass wir zu einer bestimmten Zeit an der Straßenbahnhaltestelle Münster aussteigen sollten, um dort von Frau Michel abgeholt zu werden. Eine interessante junge Dame erwartete uns, hieß uns aufs herzlichste willkommen und nahm uns mit sich. Zwei Kinder waren wegen der Luftgefahr nach dem Osten Deutschlands gebracht worden, und nur ein kleines dreijähriges Mädchen, das Tonile, war zu Hause. Frau Michel, eine frühere Schauspielerin, hatte mit uns eine ganze Reihe von gemeinsamen Bekannten, da sie eine Zeitlang an einem Leipziger Theater engagiert war, und es gab Stoff genug, um Erinnerungen auszukramen. Mit Herrn Michel, der nur zu den Mahlzeiten und abends sehr spät nach Hause kam, ergab sich bisweilen sonntags eine Unterhaltung, die zeigt, wie langer Auslandsaufenthalt den Blick der beiden geschärft hatte und ihr Tun und Denken beeinflusste. So waren sie überzeugt, dass die Tage des Hitlerregimes gezählt seien. Unsere Aufnahme in diesem Hause kam auf Veranlassung von Pfarrer Schreiber in

Ingenieur Karl Michel, Stuttgart-Hofen mit Frau Margarete, geb. Buchheim, und Tochter Antonia, Mai 1943

Stuttgart-Mühlhausen zustande, mit dem Frau Michel, obwohl an sich gar nicht kirchlich eingestellt, einmal ins Gespräch gekommen war. Bei dieser Gelegenheit hatte sie von unserer Anwesenheit in Württemberg erfahren. Was diese Menschen zwang, sich unserer anzunehmen und sich der damit verbundenen Gefahr auszusetzen, ist schwer zu sagen. Und die Voraussetzungen waren alles andere als günstig. Zahlreiche andere Mieter wohnten in dem großen Haus, und immer wieder waren die beiden gezwungen, den Hausgenossen und den Mitbenutzern des Luftschutzbunkers Auskunft über uns zu geben. Aber das machte ihnen wenig Sorgen. Wir waren eben Besuch aus Berlin. Der Luftschutzbunker sollte sich in unserer Erinnerung noch sehr nachhaltig einprägen. Er befand sich ungefähr 150 Meter vom Hause entfernt in einem Steinbruch, und der Weg dahin war, besonders in der Nacht, schwer zu begehen, da er im Zickzack zu dem zehn Meter über dem Erdboden befindlichen Eingang führte. Oft haben wir mehrere Male an einem Tage unser Luftschutzgepäck da hinaufgeschleppt. Wie schon so oft, heulten auch am 21. Februar 1944 bzw. in der Nacht vor diesem Tage die Sirenen auf, und der Luftangriff brach los, der Cannstatt so schwer zeichnete und auch Hofen stark in Mitleidenschaft zog. Selbst im Innern des massiven Bunkers spürte man die Erschütterung beim Einschlag der schweren Bomben, und als wir uns hinauswagten, um nach dem Hause zu sehen, loderten taghell rings im Umkreis die Brände. Eine Anzahl Feuer standen um das Michelsche Haus, es selbst war unversehrt, obwohl Brandbomben den Dachstuhl gestreift und die Verandatür in Brand gesetzt hatten. Von den drei Nachbarhäusern war eines durch eine Luftmine schwer beschädigt und fast unbewohnbar, aus zwei anderen schlugen helle Flammen. Bei zehn Grad Kälte gingen wir vereint ans Werk. Dabei widerfuhr mir das Missgeschick, dass mir von einer Leiter ein Eimer Löschwasser über den Kopf gegossen wurde, und in kurzer Zeit war ich in einen Eispanzer gehüllt. Also sofort umziehen! Dieser Rat der anderen war sehr einfach: Im Hause kein Licht, alle meine Sachen noch im Luftschutzbunker. Es war ein neues Wunder, dass ich dabei keinen gesundheitlichen Schaden erlitt. Die Straßen waren mit Brandbomben übersät, als wir uns am Vormittag nach Cannstatt auf den Weg machten, um Pfarrer Dilger zu suchen. In der Nähe des

Pfarrhauses entdeckten wir zuerst einen riesigen Bombentrichter und dann das schwer mitgenommene Pfarrhaus selbst, das nur deshalb nicht zusammengestürzt war, da es ausnehmend gute Mauern besaß. Von den Bewohnern zunächst keine Spur. Dann aber lief uns ein Luftschutzwart über den Weg, der uns wenigstens sagen konnte, dass im Pfarrhaus keine Menschenleben zu beklagen seien. Etwas später gelang es uns auch, unseren Freund in einer Notwohnung aufzufinden.

Wie überall, so war auch bei unseren derzeitigen Gastgebern die Gaszufuhr unterbrochen, und Frau Michel musste versuchen, bei einem Mitbewohner des Hauses, der einen Kohlenherd besaß, zu kochen. War das für vier Personen schon sehr schwierig, so erwies es sich für sechs als schier unmöglich, und wir beschlossen, unser nächstes Quartier, das uns bereits bekannt war, das Pfarrhaus Kimmich in Beinstein, aufzusuchen. Strenges Winterwetter herrschte, es war kalt und viel Schnee lag auf den Straßen. Straßenbahnen fuhren nicht, nur ab und zu ein Zug in Richtung Waiblingen. Aber diese Linie wurde besonders scharf kontrolliert. Kurz entschlossen gab uns deshalb der Ingenieur seinen eigenen Fliegergeschädigtenausweis, damit wir bei einer Kontrolle wenigstens etwas in den Händen hätten. Er wollte es uns ersparen, in dem eisigen, trüben Wetter über die Landstraßen wandern zu müssen. Wir hätten dabei unser Los als Flüchtlinge, als Heimatlose, Obdachlose, Verfolgte doppelt schwer und bar aller Hoffnung empfunden. Wenn man uns wirklich ertappte, so würde man sich vielleicht in Anbetracht der Ereignisse mit dem Verlust der anderen Papiere herausreden können, und vielleicht wurde nach dem schweren Angriff auf eine Kontrolle überhaupt verzichtet. Wir beschlossen, es zu wagen, obwohl der Michelsche Ausweis mich als einen Mann von noch nicht vierzig Jahren darstellte, was mir kaum jemand geglaubt hätte. Da erschien, kurz bevor wir den Bahnhof erreichten, Herr Michel noch ein letztes Mal, nahm mich auf die Seite und übergab mir einen Fliegergeschädigtenausweis mit unseren angenommenen Namen Hans und Grete Ackermann. Ohne Rücksicht auf die damit verbundene Gefahr hatte er ihn selbst bei der Polizei für uns ausstellen lassen. Zwar fehlte die Unterschrift, aber das Amtssiegel darauf war da und echt. Es fiel mir nicht schwer, die Unterschrift unleserlich nachzuholen. Ich selbst hätte nicht mehr den Mut besessen, zu einer Behörde zu gehen und einen solchen Ausweis zu beantragen. Dieser Familienvater aber brachte ihn auf, nicht für einen Angehörigen, der ihm nahe stand, sondern für einen ihm bis dahin unbekannten Juden und dessen Frau. Es gab auch solche Menschen im Deutschland des Jahres 1944, und ich muss das betonen, um die These zu widerlegen, dass alle Deutsche Nazis waren, dass alle Deutschen alles bejahten, was im Hitlerdeutschland geschah. Was wir erlebten und noch erleben sollten, sind für das Gegenteil schlagende Beweise.

Da wir nicht wussten, ob man uns in Beinstein sofort aufnehmen konnte, machten wir wiederum im Waiblinger Dekanat Station, von wo man sich mit Beinstein in Verbindung setzte und fragte, ob wir kommen dürften. Sie sagten zu, und wir waren drei Wochen dort zu Gaste. Im Hause hielten wir uns aber nicht viel auf, denn auch hier konnte nur ein Zimmer geheizt werden, und so machten wir trotz des damit verbundenen Risikos oft Spaziergänge in die winterlich schöne Umgebung. Eine bittere Erfahrung war es uns, als wir eines Tages hörten, dass ein Pfarrhaus uns die Unterkunft verweigerte, weil wir noch nicht zu den Christen übergetreten waren. Doch das blieb eine Ausnahme. Niemand sonst hat auch jemals nur die leiseste Andeutung gemacht, dass man das von uns erwartete. Wir betrachteten es als Beweis, dass man uns aus keinem anderen Grunde half als dem, dass wir in Not und verfolgt waren.

Als die Nachricht eintraf, dass einer von uns beiden nach Reichenbach/Fils zu Pfarrer Dipper kommen konnte, brachte ich meine Frau zur Bahnstation nach Stetten und gab ihr unseren kostbaren Schatz, den Fliegergeschädigtenausweis, in die Hand. Dennoch fuhr sie mit klopfendem Herzen über Cannstatt bis Plochingen, immer darauf bedacht, nur Vorortzüge zu benutzen. Dann ging sie zu Fuß nach Reichenbach. Ihre Bitte, auch mich dort aufzunehmen, wurde sofort gewährt. Ein verdecktes Telefongespräch kündigte mir die Bereitwilligkeit des Reichenbacher Pfarrhauses an, und auch ich machte mich zu Fuß über Endersbach und Schnait auf den einsamen Weg. Es lag noch viel Schnee auf den Höhen, und in stundenlangem, beschwerlichem Marsch ging ich meinen trüben Gedanken nach. Sollte man versuchen,

Pfarrehepaar Theodor und Hildegard Dipper, geb. Gauß, mit Patentochter Walburg Gauß und Gemeindehelferin Emma Schwille (links), vierziger Jahre

zu Fuß die Schweizer Grenze zu erreichen und über die Berge hinüberzukommen? Ich hielt es für sinnlos, genau so wie unser jetziges ruheloses Weiterziehen von Haus zu Haus. Wie lange noch? Unbehelligt, aber deprimiert traf ich im Pfarrhaus Dipper ein. In Pfarrer Dipper lernte ich einen sehr jugendlich aussehenden Mann kennen, dem wir in den folgenden Monaten noch viel zu danken haben sollten, denn gemeinsam mit seinem Freunde Mörike übernahm er fast ausschließlich unsere weitere Unterbringung und unsere Versorgung mit Lebensmitteln. Beides wurde schwerer von Woche zu Woche, denn die Beobachtung jedes einzelnen, besonders aber der Fremden, nahm immer schärfere Formen an. Manches Pfarrhaus, das früher gern bereit gewesen wäre, uns eine Zuflucht zu gewähren, schreckte jetzt zurück, wenn es an die Folgen dachte, die unsere Entdeckung mit sich bringen würde. Oft wussten wir nicht, wie die beiden Freunde es trotz der unsäglichen

Schwierigkeiten immer wieder fertig brachten, uns neue Türen zu öffnen. Bei Wind und Wetter, bei Tag und Nacht zogen sie für uns durch das Land, sicher oftmals abgewiesen. Aber das konnte sie nicht entmutigen, und wenn wir bange und zaghaft fragten, gab es nur eine Antwort: »Es wird schon gehen, machen Sie sich keine Sorgen.« Und es ging. Pfarrer Dipper, selbst nicht ganz gesund, hatte mit dem KZ schon einmal Bekanntschaft machen müssen. Doch auch das konnte ihn nicht davon abhalten, für uns tätig zu sein, und lächelnd erklärte er, er und seine Frau seien bereit, die Folgen dafür auf sich zu nehmen. Es würde schwer sein, zu schildern, was ein so einfaches Wort alles in sich einschließt. Vor allem sah der erfahrene Mann, dass mir Arbeit nottat, um mich vom Grübeln abzulenken. Ich werde ihm immer dankbar sein für die stete Beschäftigung, die er für mich hatte. Trotz der unermüdlichen Hilfe der beiden Pfarrer fand sich nur für meine Frau ein Obdach in Göppingen, im Hause des Pfarrers Palmer, für zwei Wochen. Für mich selbst nichts. Eine schlimme Situation. Denn alle Männer in Deutschland mussten arbeiten, und wenn jemand zu lange in einem Ort »auf Urlaub« blieb, war gar nicht zu vermeiden, dass Neugier und Gerede entstand. Dennoch musste das Ehepaar Dipper mich behalten. Das Gastzimmer, in dem wir bisher gewohnt hatten, wurde auch gebraucht. Man erwartete eine Pfarrfrau aus Westfalen, deren Mann in einem Konzentrationslager saß. Pfarrer Dipper hatte sie mit ihren zwei Kindern eingeladen, obwohl sie ihm genau so fremd war wie wir. Aber danach fragte er nicht. Er zählte zu denen, die an nichts anderes dachten, als wie sie helfen könnten. Unterstützt von seinen Gemeindemitgliedern sandte er Pakete an KZ-Häftlinge,

Pfarrehepaar Paul und Lydia Hornberger, geb. Werner, Altbach, 1938

um zu verhindern, dass sie dem Hungertod erlagen. Wie viele solcher Sendungen habe ich selbst für ihn gepackt! Zu den Empfängern gehörte auch der Mann des neuen Gastes. Leidensgenossen, die in derselben Lage waren wie ich, waren fast ununterbrochen im Haus, vor mir wie auch nach mir, und unser Tisch war immer reichlich gedeckt. Die Verlängerung meines Aufenthaltes brachte es mit sich, dass ich auch das Osterfest in Reichenbach verlebte, und beim Ostereiersuchen wurde ich auf die rücksichtsvollste Art mit manchem nützlichen Gegenstand versehen. Die Zeit begann mir auf den Nägeln zu brennen, ich musste schnellstens weg, weiter, weiter, obwohl ich so gern geblieben wäre. Da sich für längere Zeit nichts fand, sollte ich wenigstens auf ein paar Tage nach Altbach zu Pfarrer Hornberger. Dort war bereits eine Düsseldorfer Evakuierte im Hause, die Frau eines Parteifunktionärs, die unter keinen Umständen erfahren durfte, wer ich sei. So wurde ich ihr als Beamter der Kirche vorgestellt, der die Bücher in Ordnung bringen sollte. Aber das Ehepaar Hornberger schien dennoch nicht die Nerven zu haben, meine Anwesenheit zu ertragen, denn nach drei Tagen ließ mich Pfarrer Dipper wissen, dass ich Altbach verlassen müsse.

Auf schwäbischen Landstraßen

Schon seit langem war ich mit meinen vielen Helfern darüber einig, dass es das beste sei, die Gegend zu wechseln. Da es in der Umgebung von Stuttgart nunmehr offenbar endgültig nichts mehr für mich zu hoffen gab, hatte Pfarrer Mörike uns ein Unterkommen in Ispringen bei Pforzheim beschafft. Damit standen wir wieder vor der Frage, wie dahin kommen, ohne die Bahn zu benutzen. Ein regelrechter Schlachtplan musste entworfen werden. In Esslingen, wohin ich laufen musste, konnte ich eine Nacht bei Pfarrer Schmidt bleiben. Am nächsten Morgen brachte mich der Hausherr selbst zum Bahnhof; mit einem Vorortzug fuhr ich bis Cannstatt und dann mit der Straßenbahn bis Weilimdorf, lief nach Korntal, wo ich im Pfarrhaus rastete, um dann das Strohgäubähnchen wieder einmal bis Weissach zu benutzen. Von dort aus wanderte ich bis Pforzheim und schleppte das Notwendigste in einer schweren Handtasche mit. Diese 25 Kilometer fielen mir unendlich schwer, ein Gallenleiden verursachte mir immer heftigere Schmerzen. Durch die Stadt Pforzheim selbst konnte ich zwar die Straßenbahn nutzen, aber an den letzten drei Kilometern bis Ispringen wäre ich beinahe gescheitert. Neben den körperlichen Schmerzen folterte mich die Erkenntnis, dass mein Gesundheitszustand mir im Ernstfalle wahrscheinlich nicht mehr erlauben würde, den Marsch über die Schweizer Grenze, unsere große Sehnsucht, anzutreten. Schweren Herzens begrub ich an jenem Tage diese Hoffnung. Bei meiner Ankunft in Ispringen muss ich wirklich erbarmungswürdig und mitgenommen ausgesehen haben. Viel Kopfzerbrechen machte uns als nächstes die Frage, wie meine Frau von Göppingen nach Ispringen kommen sollte. Fußmarsch, wie ich ihn hinter mir hatte, war ausgeschlossen. Da setzte

Pfarrfamilie Schmidt vor der Südkirche, Esslingen, 1938. Von links nach rechts 1. Reihe: Christel, Marianne, Reinhart, Martin, Hans, Heiner; 2. Reihe: Marianne Schmidt, geb. Luschka, Paul Schmidt, Frieder

sich Pfarrer Dipper persönlich auf die Bahn, um sie zu holen. Sorgfältig berechnend stellte er alle Züge zusammen, die auf dieser nicht sehr kurzen Strecke in Frage kamen, denn nur Arbeiter- und sogenannte Milchzüge durften benutzt werden, von denen man annehmen konnte, dass sie von Ausweiskontrollen verschont wurden. Die Reise dauerte von 6 Uhr morgens bis 4 Uhr nachmittags, außer längeren Aufenthalten auch noch durch einen jetzt fast unausbleiblichen Fliegeralarm unterbrochen. Auch diese Expedition glückte, und nach langem Bangen umeinander sahen wir uns endlich wieder. Denn zu unseren sonstigen Sorgen trat bei einer Trennung immer noch die, dass einer von uns beiden alleine entdeckt und abtransportiert würde und der andere müsste zurückbleiben.

Zwei Wochen weilten wir im Hause des Pfarrers Riehm, zwei Wochen voller Harmonie auch mit den über uns eingeweihten erwachsenen Kindern, soweit sie im Hause waren oder besuchsweise heimkehrten. Ihnen allen, die so viel Verständnis für uns hatten, konnten wir unser Herz ausschütten, denn unser Mut, durchzuhalten, sank immer mehr in sich zusammen. Kein Dämmerstreifen zeigte sich am Horizont, der den Tag unserer Rettung ankündigte. Der Ernst unserer Lage nahm zu und auch die Sorge um unser Kind, von dem wir nicht wussten, ob und wie es lebte, und um unsere verschleppten Verwandten und Freunde wurde immer drückender. Wieder einmal kam die Sprache auf das brennendste Problem unserer Wanderschaft, die fehlenden Ausweispapiere. Da glaubte Frau Pfarrer Riehm helfen zu können, weil sie mit dem Posthalter am Ort auf gutem Fuße stand, und mit ihm setzte sie sich in Verbindung, um uns einen Postausweis zu besorgen. Wir seien nach einem schweren Luftangriff auf Berlin, bei dem alle unsere Papiere verbrannten, nach Ispringen gekommen, gab sie als Grund an, und da wir auf der Herreise bei den Zugkontrollen Schwierigkeiten gehabt hätten, wollten wir uns hier einen Postausweis ausstellen lassen. Der biedere Mann sagte zu, und seine auf dem Pforzheimer Postamt angestellte Tochter sollte uns dort legitimieren. Gespannt stellten wir uns dort ein, gaben unsere Personalien an, d.h. die Namen Hans und Grete Ackermann, und schoben die erforderlichen Bilder durch den Schalter. Dann wurden wir auf einen späteren Tag bestellt. Wir erschienen abermals und zuckten zusammen. Ein anderer Beamter saß da, und er schien ein besonders treuer Diener des Dritten Reiches zu sein, der seine Sache sehr genau nahm. Aber zurück und ausweichen konnten wir jetzt nicht mehr, wenn wir uns nicht erst recht verdächtig machen wollten. Seine vielen

Pfarrhaus in Ispringen bei Pforzheim 1944

umständlichen Fragen brachten uns beinahe zur Verzweiflung, und wir waren schon sicher, dass er uns Schwierigkeiten bereiten würde. Dann aber sagte er uns doch zu, die Ausweise würden wie üblich als Einschreiben geschickt. Ein Stein fiel uns vom Herzen, und hoch beglückt zogen wir nach Ispringen zurück. Jetzt würden wir bald einen gültigen Postausweis mit Lichtbild bekommen. Meine Frau fiel der Pfarrerin um den Hals, als sie ihr diese Nachricht brachte. Doch deren Gesicht blieb starr. Als Antwort auf diesen Ausbruch der Freude wusste sie nur zu sagen, dass in der Zwischenzeit ein Landjäger im Pfarrhaus vorgesprochen habe und nach uns fragte. Wir waren wie von einem Keulenschlag getroffen und zu keiner Äußerung fähig. So nahe am Ziele scheitern zu sollen, dünkte uns grausamer als alles bisherige. Denn durch diesen Misserfolg war unsere Lage schlimmer als zuvor. Jetzt hatten sie Verdacht geschöpft! Jetzt waren sie uns auf der Spur! Die Polizei zog Erkundigungen ein! Trotz der allgemeinen Verstörtheit wirkte es lächerlich, dass der Gendarm unter anderem auch gefragt hatte, ob wir nicht verkleidete Engländer seien. Bezeichnend für die damalige Spionenfurcht! Da er mit den Ergebnissen seines Verhörs offenbar nicht viel anfangen konnte, kündigte er an, dass er wiederkommen werde, sobald wir zurück seien, um uns persönlich zu vernehmen. Damit blieb für uns nur eine Möglichkeit: schnell fort, weg aus dem Pfarrhaus, weg aus Ispringen. Aber wohin? Unser nächstes Quartier war erst in ein bis zwei Wochen frei, und alle Versuche des Ispringers Pfarrers, uns im Badischen unterzubringen, waren gescheitert. Damit waren wir also soweit, dass wir auf der Strasse nächtigen mussten. Doch davon wollten unsere Gastgeber nichts hören und hielten uns zurück. So mussten wir bleiben, wohl oder übel. Es ging uns dabei in der Hauptsache noch nicht einmal um uns selber. Wir waren mürbe geworden von der endlosen Hetze, und früher oder später würde uns unser Schicksal doch ereilen. Was uns dagegen die Besinnung nahm, war die Vorstellung, dass wir auch die Ispringer Pfarrersfamilie mit in den Abgrund reißen würden, gar nicht zu denken an die endlose Kette unserer früheren Helfer. Aber die beiden trugen uns gegenüber eine so täuschende Ruhe zur Schau, dass wir uns überreden ließen zu bleiben und nicht blindlings in den dunkelnden Abend hinauszurennen. Vollständig angekleidet verbrachten wir die Nacht sitzend. Bei jedem Geräusch auf der Straße zuckten wir zusammen und blickten uns an, um uns zu sagen: Es ist soweit, sie kommen. Auch die Pfarrersleute scheinen in dieser Nacht nicht viel geschlafen zu haben, denn mehrere Male erschienen sie in unserem Zimmer, um uns aufzufordern, uns doch etwas hinzulegen. Der nächste Tag war ein Sonntag, und Pfarrer Riehm hatte mehrere Gottesdienste abzuhalten, so dass ihm keine Zeit blieb, sich für uns auf den Weg zu machen. Vergeblich versuchte meine Frau, vom Pforzheimer Postamt aus mit unserem nächsten Quartiergeber Verbindung zu bekommen und ihn zu bitten, dass man uns etwas früher aufnehmen möge. Sie scheiterte an der Bequemlichkeit des Enzweihinger Posthalters, der anscheinend zu träge war, im Pfarrhaus anzufragen. Er erklärte einfach, im Pfarrhaus sei niemand zu erreichen, und ein Gespräch kam nicht zustande. Die Stunden vergingen. Am späten Sonntagnachmittag wussten wir noch immer nicht, wohin wir uns wenden sollten. Schweren Herzens mussten wir deshalb Pfarrer Riehm, der erst spät am Abend nach Hause kam, bitten, doch noch zu versuchen, uns für die folgende Nacht außerhalb des Ortes unterzubringen, irgendwo. Er tat es trotz größter körperlicher und geistiger Abspannung, und in später Stunde brachte er den Bescheid, wir könnten im Pforzheimer Kinderheim nächtigen. Als ob diese Zumutung noch nicht gereicht hätte, mussten wir noch eine weitere Bitte an ihn stellen: nach Enzweihingen zu fahren und zu fragen, ob man in der Lage sei, uns früher aufzunehmen als vorgesehen. Lächelnd und selbstverständlich, wie seine Amtsbrüder bisher, opferte er seinen freien Montag. Wir selbst wanderten langsam nach Pforzheim hinein, gemartert von düsteren Vorstellungen, was die Gendarmerie inzwischen gegen uns eingeleitet haben könnte. Vor dem Kinderheim wartete bereits die Leiterin, weil durch ein telefonisches Missverständnis unsere Ankunft später als angesagt erfolgte. Sie ließ uns ein und wies uns zwei notdürftig hergerichtete Liegestätten an; aber wir waren glücklich und dankbar, wenigstens der unmittelbaren Gefahr entronnen zu sein. Noch vor Tagesgrauen mussten wir am nächsten Morgen wieder aufbrechen, da die anderen Angestellten uns nicht sehen durften, und gingen hinaus in einen kalten, unwirtlichen Maitag. Es war der 7. Mai 1944. Vor dem späten Nachmittag konnte von Pfarrer Riehm keine Nachricht da sein, und guter Rat war teuer, wo wir den ganzen Tag verbringen sollten. Das Unheimliche an unserer neuen Situation war ja, dass unsere Häscher jetzt unsere Bilder besaßen. Wir hatten sie für den ersehnten Ausweis am Schalter des Pforzheimer Postamtes abgegeben. Hatte man allen Ernstes Verdacht geschöpft, dann war es eine Kleinigkeit, mit Hilfe dieser Photographien unsere Verfolgung zu betreiben. Schon glaubten wir uns von den Leuten auf der Straße argwöhnisch betrachtet, und mit hochgeschlagenen Kragen gingen, nein, hasteten wir von einem Ende Pforzheims bis zum anderen. Zitternd und erschöpft nahten wir uns endlich zur verabredeten Stunde dem Briefkasten des Kinderheimes. In ihm sollten wir Bescheid vorfinden, wie es mit uns weitergehen könne; denn persönliches Vorsprechen hatte zu unterbleiben. Da war der Zettel: »Mit dem abendlichen Arbeiterzug nach Enzweihingen fahren!« Als wir im Zuge saßen und die Stadt hinter uns zurücksank, atmeten wir ein ganz klein wenig auf, doch erst in Mühlacker wurden wir wieder ruhig. Dort wartete zu unserer großen Freude und Überraschung Pfarrer Riehm auf uns und steckte uns zur Beruhigung der Nerven ein paar Zigaretten zu. Er riet uns, mit dem wieder sehr überfüllten Arbeiterzug noch eine Station weiter zu fahren. Von dort erst konnten wir uns auf den Weg nach Enzweihingen machen. An die Mitnahme unseres Gepäcks war bei dieser überstürzten Flucht nicht zu denken gewesen. Durch die Nachsendung mussten wir dem Pfarrhaus noch viel Arbeit und Mühe aufbürden, denn es musste an einem anderen Orte aufgegeben werden, um nicht die Aufmerksamkeit eines Bahnbeamten oder Polizisten zu erregen. Die Gendarmerie hätte gewusst, wo wir uns aufhielten. Um keinen Preis durfte sie erfahren, wohin wir verschwanden. Wenn der Zwischenfall auch noch einmal gut abgegangen war, unsere Nerven und unser Selbstbewusstsein hatten einen neuen bösen Riss bekommen. Unser alter Freund Pfarrer Mörike aus Flacht hielt es im Interesse des ganzen Kreises der Beteiligten für sicherer, sich in Ispringen über eventuelle Folgen zu erkundigen. Merkwürdigerweise geschah nichts. Der Gendarm ist nie wieder erschienen!

In Enzweihingen bei Pfarrer Roller blieben wir über vier Wochen. Erstens, weil wir uns dort sehr wohl und verhältnismäßig sicher

Pfarrfamilie Roller in Enzweihingen, von links nach rechts: Gottfried, Vater Rudolf Roller, Eberhard, Mutter Hanna, geb. Paret, Marianne, Brigitte, vorne: Irmgard, Hans-Ulrich, 1942

fühlten, zweitens, weil man uns gerne sah und drittens, weil wir beide ausreichende und befriedigende Beschäftigung fanden. Leider schienen unsere Helfer mit dieser Situation wieder an einer unübersteigbaren Wand angekommen zu sein, es gab keine Tür mehr, die sich für uns öffnete. So sprang Pfarrer Mörike, der Unermüdliche, selbst wieder in die Bresche und lud uns ins Flachter Pfarrhaus ein, trotz aller Bedenken, die dagegen sprachen. Zu Fuß und bei strömendem Regen wanderten wir zu ihm und kamen glücklich, wenn auch völlig durchweicht an. Man empfing uns wie heimkehrende Kinder, nicht wie Fremde, die zu beherbergen sehr unangenehm werden konnte, zumal wir erst fünf Monate vorher dagewesen waren und man allen neugierigen Fragern geantwortet hatte, der Besuch sei wieder nach Berlin zurückgekehrt. Doch darüber ließ sich Pfarrer Mörike keine grauen Haare wachsen. Zehn Tage mussten wir bleiben, bis sich das nächste Plätzchen für uns fand. Das war Calw. Ein weiter Fußmarsch stand uns dahin bevor, und ununterbrochen kontrollierte die Landwacht alle ihr nicht persönlich bekannten Passanten. Der inzwischen zum Leutnant beförderte Pflegesohn des Pfarrerehepaares fand einen Ausweg aus dieser unangenehmen Situation. Mit dem Rade machte er zunächst einmal einen Ausflug in die Calwer Gegend, um dabei festzustellen, wo die Posten standen und was sie taten. Dann brachte er uns, mit guten Ratschlägen versehen, welche Stellen zu umgehen seien, auf den Weg und begleitete uns ein großes Stück. Allein zogen wir weiter bis Simmozheim zu Pfarrer Held, wo man uns wegen Platzmangels zwar nicht für länger, für eine Nacht aber ohne weiteres beherbergen konnte. In Calw trafen wir einige Stunden früher ein als

Pfarrer Rudolf Held und seine Frau Anne, geb. Höschele, Simmozheim, 1936

erwartet, wurden von der Dekansfamilie Brecht aber trotzdem auf das herzlichste aufgenommen. Zunächst schien man uns etwas isoliert halten zu wollen, der verständnisvolle Dekan erkannte aber sofort die Nachteile eines solchen Verfahrens und verhinderte es. So bewegten wir uns in den vier Wochen unseres Calwer Aufenthaltes ganz ungezwungen, und niemand nahm an unserer Anwesenheit Anstoß. Wir gewannen dadurch ein gutes Stück der inneren Sicherheit zurück und wurden

Dekansfamilie Brecht in Calw, von links nach rechts: Esther Sternfeld, Renate Brecht, Alfred Brecht, Gudrun Brecht, Doris Brecht, Margot Brecht, geb. Hausmann, Martin Brecht, Hanna Hausmann, 1944

sogar mutig genug, Ausflüge in die Umgebung zu machen, vor allem in die heidelbeerreichen Wälder. War das Pflücken auch ungewohnt und anstrengend, so bedeutete es uns doch eine herrliche Labsal, denn als Juden hatten wir jahrelang kein Obst und keine Beeren erhalten.

Freund Mörike beabsichtigte, uns von da ab wieder in seiner Nähe unterzubringen und hatte damit auf dem Bauernhof von Eugen Immendörfer und seiner Tochter Frida Bayer in Heimerdingen Erfolg. Reichlich mit Proviant versehen zogen wir wieder durch das nun sommerliche Land und hielten in den Pfarrhäusern von Simmozheim und Rutesheim Einkehr. Frieder Mörike, der Sohn des Flachter Pfarrhauses, verbrachte in diesen beiden Tagen unseretwegen viele Stunden auf dem Rade, da er uns im Auftrag seines Vaters geleiten sollte. Ihm sollte er auch berichten, ob wir den weiten Fußmarsch unangefochten überstanden, damit wir nicht eines Tages von der Landstraße weg verschwanden und kein Mensch wusste, wo er uns hätte suchen sollen.

Sehr gerne wären wir länger auf dem Bauernhofe geblieben, denn wie in den Pfarrhäusern hatten wir auch hier, einem ganz neuen und ungewohnten Milieu, das Gefühl, bei Menschen zu sein, die es nicht nur als eine politische Pflicht betrachteten, von den Nazis Verfolgten zu helfen, sondern die allen Bedrängten aus vollstem Herzen beistanden. Die häuslichen Umstände ließen es ratsam erscheinen, jetzt nicht in Heimerdingen zu bleiben. So verlud uns der Bauer nach zwei Tagen auf seinen Pferdewagen und brachte uns nach Aurich. Dort sollten wir eigentlich im Hause seines Freundes, des Bauern und Parteigenossen Adolf Kaag wohnen, aber aus Platzmangel führte man uns zu August Scheuermann und seiner Familie. Durch seine kirchliche Einstellung war dieses Haus schon immer von den Nazis im Dorfe misstrauisch beobachtet worden, aber das hinderte den Bauern, seine Frau und seine Tochter nicht einen Augenblick, uns aufzunehmen, obwohl man vorher nur ganz flüchtig mit ihnen über uns gesprochen hatte. Möbel wurden hin und her gerückt, um uns einen eigenen Raum zur Verfügung stellen zu können. Später erst, als es einmal stark regnete, erfuhren wir, dass der einzige Raum, der der großen Familie dadurch nur noch zur Verfügung stand, eine schadhafte Decke hatte und man Wannen aufstellen musste, um das eindringende Wasser aufzufangen.

Pfarrer Johannes Wahl, Rutesheim, o.D.

Um uns eine bequeme Ruhestatt zu bieten, schlief die Familie in an sich unbewohnbaren Zimmern. Der Hausherr, durch einen Unfall etwas gehbehindert, versah neben seiner Feldarbeit noch das Amt des Ortsbauernführers, des Fleischbeschauers, des Kirchenpflegers und des Organisten, die Hausfrau neben der üblichen schweren Arbeit in der Küche und Hof noch die Milchablieferung des Dorfes, was morgens und abends zwei Stunden in Anspruch nahm und ihr weder einen

Familie Immendörfer, Heimerdingen, hintere Reihe von links nach rechts: Frida Bayer, geb. Immendörfer, Adolf Immendörfer, Johanna Holder, geb. Immendörfer, Ruth Immendörfer; vordere Reihe: Sophia Paulina Immendörfer, geb. Linckh, Eugen Immendörfer, o.D.

Sonn- noch einen Feiertag gönnte. Außerdem versammelten sich jeden Sonntag im Hause die Pietisten des Dorfes, so dass Werktag und Sonntag für alle voll ausgefüllt war. Trotz der großen Beschränkungen, die wir ihnen brachten, wurden wir behandelt wie »eigene«. Wir brannten darauf, bei der Arbeit zu helfen, obwohl sie uns schwer und ungewohnt war, aber man versuchte immer wieder, uns daran zu hindern, da wir uns nur als erholungsbedürftige Gäste betrachten sollten. Der Bürgermeister und der Ortsgruppenleiter erschienen oft in Haus und Hof. Man fürchtete im Anfang zwar neugierige Fragen, versteckte uns aber trotzdem nicht. Nur eine Schwägerin gab es in der nächsten Nachbarschaft, die uns beinahe zum Verhängnis geworden wäre. Neugierig wie nur wenige, entging ihr keine Bewegung im Dorfe, und eines Tages begann sie in ihrer Schwatzsucht zu erzählen, dass wir wahrscheinlich Spione seien. Auf die Idee, es könne sich um Juden handeln, kam auch sie nicht. Dennoch musste unser zweiter Auricher Freund, Adolf Kaag, sie gehörig ins Gebet nehmen, denn auch das Stichwort »Spione« konnte uns leicht unerwünschte Besucher in Uniform auf den Hals hetzen. Adolf Kaag, auf dessen Feldern ich mich viel betätigte, war Parteigenosse. In ihm aber lernte ich eine Kategorie dieser Spezies kennen, die man als Muss-Pg. bezeichnet. Dass er trotzdem Leiter des Kirchenchores blieb, war für ihn selbstverständlich. Er und seine Frau taten alles, was sie überhaupt nur für uns tun konnten. Ausgerechnet ihm, der sich als Parteigenosse unserer so rührend annahm, musste es später widerfahren, dass er von der kämpfenden französischen Truppe fälschlich für einen SS-Mann gehalten und in Gefangenschaft geführt wurde. Lange wusste man nichts von seinem Aufenthalt, obwohl ich keinen Weg unversucht ließ, ihn ausfindig zu machen. Zu allem Unglück gingen während der Kämpfe sein Haus und Hof in Flammen auf und seine Frau blieb mit ihren fünf Kindern ohne Heim und Hausrat zurück.

August Scheuermann, Aurich, vierziger Jahre

Das Maximum von vier Wochen war wieder erreicht, höchste Zeit zu verschwinden, und Freund Mörike hatte abermals vorgesorgt. Diesmal sollten wir nach Stuttgart-Sillenbuch, ein sehr weiter Weg. Reich beschenkt zogen wir von dannen, zu Fuß, mit dem Autobus, mit der Straßenbahn, bis wir im Hause des Pfarrers Harr eintrafen. Der Wechsel aus dem einfachen Bauerhof in den sehr gepflegten Pfarrhaushalt zu zwei Menschen, die es als selbstverständlich betrachteten, uns aufzunehmen, obwohl nur Lebensmittelkarten für zwei Personen vorhanden waren, erschien uns ungewöhnlich und wirkte nahezu beklemmend. Doch schon die Begrüßungsworte beseitigten jedes Hemmnis: »Wir sind dankbar, durch die Tat beweisen zu können, wie sehr wir so viele Maßnahmen der jetzigen Zeit bedauern, ohne dass wir die Möglichkeit hätten, sie zu verhindern – besonders alles, was man Ihnen und Ihresgleichen angetan hat und noch tut. Hier in unserem Hause bitten wir Sie, sich als Erholungsbedürftige zu betrachten.« Und so wurden wir auch von Stund an behandelt. Nur auf unseren inständigen Wunsch hin durften wir uns etwas betätigen. Denn ohne Beschäftigung überwältigten uns die Sorgen, die Sorgen des Tages, der Zukunft, um unser Kind, um alle unsere Angehörigen, von denen wir nichts wussten. Jede Stunde im Sillenbucher Pfarrhaus war ein ästhetischer Genuss, vor allem des Abends, wenn wir zusammen auf der Terrasse saßen und plauderten, dabei unser Herz ausschütteten und aus den Worten dieser Menschen neuen Mut schöpfen durften und die Hoffnung, dass der dornenvolle und uns innerlich zermürbende Weg doch zu dem erstrebten Ziele führen werde. Ein ganz schwacher Lichtblick hatte sich aufgetan: Die Alliierten standen bereits tief in Frankreich.

Pfarrer Paul Harr, Stuttgart-Sillenbuch, o.D.

Leider musste ich die meisten Tage der beiden Wochen das Bett hüten und eine nicht leicht zu beschaffende Diät einhalten. Da es der Hausfrau gelang, alles Notwendige herbeizuschaffen, brachte sie mich so weit, dass ich unsere Koffer zur vorgesehenen Zeit wieder aufnehmen und wir uns auf den Weg machen konnten, teils zu Fuß, teils mit der Straßenbahn, nach Gebersheim zu Frau Pfarrer Goes. In ihr trat uns eine dritte Spielart von barmherzigen Samaritern entgegen, die wir auf unserer Wanderschaft kennen lernten, die junge, alleinstehende Pfarrersfrau, deren Mann im Felde, in Gefangenschaft, vermisst oder gar bereits gefallen war. Sie gehörte einem Jahrgang an, der 1933 noch die Schule besucht hatte, Juden aus eigenem Erleben also gar nicht

Pfarrer Albrecht Goes und Elisabeth Goes, geb. Schneider, in Gebersheim, mit ihren beiden Töchtern Christin und Brigitte, 1938

mehr kannte, nur wenig von ihnen wissen konnte und die dennoch trotz der Propaganda aller Partei- und Staatsstellen nicht von diesen Gedanken des Hasses infiziert war. Allein auf sich angewiesen, belastet mit der Sorge um ihre Kinder, dazu bestrebt, verschiedene Amtsgeschäfte des abwesenden Mannes zu versehen und damit den benachbarten Stellvertreter zu entlasten, gab solchen jungen Pfarrfrauen ihr tiefer Glaube den Mut, des Einverständnisses ihres abwesenden Gatten sicher, das ungeheure Risiko, uns zu beherbergen, auf sich zu nehmen und damit den eingezogenen Mann, die Kinder und sich selbst zu gefährden. Wir wussten längst, dass unsere Freunde auf ihrer Suche nach

Quartier oftmals nicht nur Abweisungen hinnehmen mussten, sondern darüber hinaus noch die Warnung, sich und ihre Familien wegen ein paar Unbekannten nicht zu sehr zu exponieren. Manche, die an sich bereit gewesen wären zu helfen, unterließen es, nicht aus Rücksicht auf sich selbst, sondern auf ihre Kinder, die bei unserer Entdeckung das Schicksal ihrer Eltern geteilt hätten. Mehr als einmal wurde uns freimütig erklärt, dass der Entschluss, uns aufzunehmen, auf das Vorbild dieser tapferen jungen Frauen zurückging. Denn als sie erfuhren, dass diese ihr Haus öffneten, wussten sie, dass sie es auch tun müssten. So war das, wie man wohl sagen darf, heldenhafte Verhalten der jungen Pfarrfrauen ein wahrer Segen für uns. An ihrer Spitze stand Frau Elisabeth Goes in Gebersheim. Ich litt sehr darunter, dass ich ihr durch meine Krankheit zusätzliche Mühe aufbürdete, denn wieder musste ich im Bett bleiben, und an Zutaten für die nötige Diätkost war kein Überfluss. Da besuchte mich eines Tages Eugen Immendörfer aus dem benachbarten Heimerdingen und erklärte kurz und bestimmt, er habe soeben mit seinem Freund Schwarz in Gebersheim gesprochen, Bauer und Ortsbauernführer, und ihm mitgeteilt, dass er zu unserer Verpflegung beizusteuern habe. Der tat dies prompt und in so reichem Maße, dass Frau Goes ihre Gastfreundschaft wesentlich erleichtert wurde. Niemals haben wir jemanden der Familie Schwarz kennen gelernt, sondern erfuhren immer nur durch unsere Gastgeberin, wie sehr ihr geholfen wurde. Einen Besuch unsererseits wollten wir nicht wagen, um sie nicht zu kompromittieren. Der Ort jedoch erwies sich mit der Zeit als nicht besonders misstrau-

Ehepaar Benjamin und Luise Schwarz, geb. Günther, aus Gebersheim. Sie haben zusammen mit anderen bei der Verpflegung des Ehepaars Krakauer mitgeholfen.

isch, so dass wir es wenigstens riskieren konnten, nach dem benachbarten Leonberg zu wandern und im Walde Tannenzapfen für den Winter zu sammeln.

Verabredungsgemäß sollten wir im Anschluss daran aus der Leonberger Gegend eine Zeitlang verschwinden. Doch Pfarrer Mörike erschien in Gebersheim und brachte uns die freudige Nachricht, dass wir nun doch für eine Weile zu Familie Immendörfer nach Heimerdingen

Ehepaar Gottlob und Lydia Schwarz, geb. Kogel, aus Gebersheim, die das Ehepaar Krakauer während ihres Aufenthaltes im Pfarrhaus zu Gebersheim mit Lebensmitteln versorgt haben.

gehen könnten. Von Woche zu Woche wurde es schwerer, Unterkunft für uns zu finden, weil eine Stadt nach der anderen, große und kleine, durch die Luftangriffe in Schutt und Asche sank und Hunderttausende in die Dörfer evakuiert wurden. Bauernarbeit war ich wenigstens ein bisschen schon durch Aurich gewohnt, und die scherzhaften Ermunterungen unserer Wirtsleute halfen über vieles hinweg. Alles stellten sie mir zur Verfügung, was Hof, Garten, Feld und vor allem die große Obstanlage hergaben, so dass ich glücklich war, einigen Freunden etwas schicken zu können.

Aus dem Bereich Pfarrer Mörikes mussten wir damit aber endgültig scheiden. Wir wechselten hinüber in eine Gegend, in der Pfarrer Dipper bereits mit vieler Mühe vorgearbeitet hatte. Das erste Ziel hieß Riederich bei Metzingen. Das übliche, schon so oft erörterte Problem: Wie kommt man von Heimerdingen dorthin, ohne die Eisenbahn zu benutzen? Die Lösung selbständig zu finden wäre uns nicht leicht gefallen, aber unsere Freunde hatten auch daran gedacht. Wenn es an einem Tage nicht zu schaffen war, so mussten wir eben zwei oder mehrere unterwegs sein. Einen regelrechten Plan bekamen wir mit auf den Weg. Milchwagen bis Weilimdorf war die erste Etappe, Straßenbahn, unter vielmaligem Umsteigen bis nach Denkendorf, und das schon mehrfach erwähnte, uns so lieb gewordene Köngener Pfarrhaus nahm uns für die erste Nacht auf. Am nächsten Morgen Beginn des eigentlichen langen Fußmarsches. Sehr lang sogar, aber mit der Zeit waren wir manches gewohnt worden. Wenn nur kein Landjäger oder eine andere Straßenkontrolle nach Papieren fragte, dann wollten wir gerne alles ertragen. Da es ganz ohne Gepäck nie ging, schleppten wir uns zum Schluss recht mühsam vorwärts, aber wir hielten durch, auch meine Frau, deren entsetzlich zerfetztes Schuhwerk ihr die Fußmärsche immer qualvoller machte. Wir blieben unbehelligt und wurden im Riedericher Pfarrhaus von einer entzückenden jungen Frau empfangen, aus deren Augen Güte strahlte und aufrichtige Freude, uns aufnehmen zu können. Es fiel ihr nicht leicht, noch zwei Esser durchzuschleppen, aber das Freundespaar Mörike-Dipper und unsere Sillenbucher Gönner sprangen helfend ein. Hier in Riederich erhielten wir eines Tages den Besuch des Apothekers Kleinknecht

Apotheker Richard Kleinknecht, Metzingen, Anfang fünfziger Jahre

aus Metzingen. Durch Pfarrer Dipper hatte er von uns gehört und bot uns seine Hilfe an. Er entschuldigte sich förmlich, dass er nicht in der Lage sei, uns direkt aufzunehmen, weil er als betont kirchlich eingestellter Mann von den Hitleranhängern im Orte ohnehin schon scharf beobachtet wurde. Er fürchtete ernstlich, dass wir bei ihm entdeckt werden könnten, weil er schon einmal Schwierigkeiten gehabt habe, als er eine Verwandte, die er aufnahm, nicht binnen drei Tagen meldete. Auf allen sonstigen Gebieten half er, was er nur konnte. Große Freude machte mir in diesen Tagen, dass ich außer Gartenarbeiten auch verschiedene kleinere Reparaturen ausführen konnte, wie zum Beispiel einen Gartenzaun bauen und dergleichen. Ich hatte mir im Laufe der Zeit eine ganz schöne Fertigkeit in solchen Dingen angeeignet. Für unsere Gastgeber begannen solche ursprünglichen Nebensächlichkeiten schon ins Gewicht zu fallen, denn die Auszehrung durch den Krieg ging weiter und ein Handwerker war kaum noch zu bekommen.

Pfarrehepaar Paul Heinrich Werner und Margarete Werner, geb. Paulus, mit den Kindern (von links nach rechts): Hilde, Christine, Hanns, Friedrich, in Riederich, März 1945

Wettlauf mit der Zeit

Das Jahr 1944 neigte sich zu Ende. Es war bereits November geworden, und das Wetter zeigte sich entsprechend. Trotz scheußlicher Nässe, trotz Schnee und Regen war Pfarrer Dipper tagelang für uns unterwegs. Die Lage an den Fronten und im Inneren Deutschlands hatte sich rapide verschlechtert. Es begann an allen Ecken empfindlich an Soldaten zu fehlen, und der »Volkssturm« wurde aufgerufen. Eine neue Situation trat damit für mich ein, bedrohlicher noch als die bisherige. Denn dem Volkssturm musste jeder Deutsche angehören, also auch ich, Hans Ackermann. Irgendwo hätte ich mich demnach melden müssen, und wir mussten damit rechnen, dass die Frage nach meiner Volkssturmzugehörigkeit an mich oder meinen jeweiligen Gastgeber herantrat. Die Schwierigkeiten, unerkannt und ohne belästigt zu werden mehrere Wochen in dem gleichen Versteck zu bleiben, wuchsen von Tag zu Tag. In allen Orten wurden die Männer zu Versammlungen aufgerufen, und Propagandaredner versuchten ihnen die gewünschte Begeisterung, die weder bei den Älteren noch bei den Jüngeren groß war, beizubringen. Auch in Bempflingen, wohin uns der in Riederich stellvertretende amtierende Pfarrer Jung geholt hatte, fand eine solche statt. Natürlich gingen wir nicht hin, aber bereits am nächsten Tage erfuhr man im Pfarrhaus, dass der Redner unter anderem gesagt habe, man müsse besonders die Pfarrhäuser im Auge behalten, denn nicht allzu weit von hier habe man festgestellt, dass ein Pfarrer Juden verborgen gehalten habe. Zwar bezog sich das auf Pfarrer Gölz in Wankheim, wie sich schnell herumsprach, aber mit unserer Ruhe war es vorbei. Wir mussten fort, so schnell wie möglich. Doch ein neues Quartier ließ sich nicht finden. Das Ehepaar Jung beruhigte sich zuerst und redete uns zu,

Pfarrfamilie Jung in Bempflingen, Frau Maria Jung, geb. Läpple, mit den Kindern (von links nach rechts): Martin, Magdalene, Rose-Marie, Brigitte, August 1943

auf jeden Fall noch so lange zu bleiben, bis sich etwas fände. Wohl oder übel willigten wir ein, wenn auch von trüben Gedanken und schwärzesten Vorstellungen gefangen. Wieder erschien Freund Dipper in Bempflingen und sprach uns begütigend zu. Doch der Klang seiner Worte war anders als sonst. Obwohl er darauf achtete, uns nicht merken zu lassen, welche Arbeit ihm die ununterbrochene Sorge um unsere Quartiere aufbürdete, spürten wir doch instinktiv und mit Schrecken aus ein paar vorsichtigen Andeutungen, dass es nunmehr auch ihm nicht mehr möglich sei, Unterkünfte aufzutreiben, in denen wir uns wie bisher jeweils einige Wochen aufhalten konnten. Die einzige Chance, die er und seine Freunde noch sahen, war, uns Quartier für erheblich kürzere Fristen zu beschaffen. Man sprach von drei Tagen. Wir wussten, wenn uns so etwas schon von dieser Seite eröffnet werden musste, dann stand es schlimm, sehr schlimm. Etwas anderes als uns still damit abfinden, konnten wir nicht tun, und es war uns auch ganz klar, dass sich immer größere Schwierigkeiten ergeben würden, bis es eines Tages zu Ende war mit uns. Anstatt abzuflauen, nahm die Hetzjagd zu. Nur mit dem Notwendigsten versehen hieß es fliehen von Ort zu Ort. Unsere Koffer mussten irgendwo untergestellt werden. Bekleidung und Wäsche zum Wechseln konnten wir kaum noch mitnehmen, und doch durften wir äußerlich nicht heruntergekommen aussehen, wenn man uns den »Besuch aus Berlin« noch glauben wollte. Manchmal schien es, als ob die Flut der kleinen Nöte eher über uns zusammenschlagen und uns verzweifeln lassen solle, als ein großes Unheil. So musste zum Beispiel immer wieder einmal gewaschen werden, ein anscheinend unwichtiges Problem, für das wir doch bald keine Lösung mehr wussten. Die nötigen Zutaten gab es kaum noch, und wir waren darauf angewiesen, um jedes Stück Seife, um jedes Paket Waschpulver zu bitten und wussten dabei, dass unsere Gastgeber diese raren Dinge alle selbst nötig brauchten. Das ewige Wandern auf der Landstraße ließ unsere Kleidung mehr und mehr zerfallen, und Näh- und Flickmaterial, Garn und Stoffzeug blieben unerreichbar. Jahrelang hatten wir uns nichts anschaffen können, und das Ausbessern des Vorhandenen mit den wenigen kleinen Geschenken, die wir in unserer ohnmächtigen Hilflosigkeit und mit mühsam zurückgehaltenen Tränen annehmen mussten, nahm kein Ende. Das schnelle Wechseln nach so kurzem Aufenthalt in den einzelnen Orten, das pausenlose Hetzen und Wandern über die Straßen des Landes vergrößerte die Gefahr einer Ausweiskontrolle ins Unermessliche. Als Pfarrer Dipper unsere völlige Mutlosigkeit sah, beschwor er uns mit den Worten: »Die letzten fünf Prozent des Weges sind die schwersten. Aber auch die werden Sie mit Gottes Hilfe überstehen.« Noch einmal konnte er, der unsretwegen viele Amtsgeschäfte unterließ oder aufschob, uns mitteilen, dass Pfarrverweser Lörcher aus Urach, ein alter Bekannter aus Flacht, uns weiter betreuen würde und dafür sorgen wolle, dass wir nicht ohne Obdach blieben. Die letzten fünf Prozent? Wie ein Mühlrad ging uns diese Vorstellung im Kopf herum. Ich konnte nicht glauben, dass das Ende in Sicht kam. Die Novembermitte war erreicht, Weihnachten stand vor der Tür, das zweite Weihnachten auf unserer Flucht, und wir wussten noch vom Vorjahre her sehr gut, wie schwer es sein würde, über die Festtage unterzukommen, viel schwerer als damals. Dass Pfarrer Dipper uns versicherte, wir würden über die Feiertage in seinem eigenen Hause sein, hat uns geholfen, den vielen bis dahin noch nötigen Unterkünften mit einiger Zuversicht entgegen zusehen. Gott, der uns bis dahin geholfen, verließ uns nicht; denn aus manchen der beabsichtigten drei Tage wurden doch oftmals mehr. Und jede Woche war eine gewonnene Schlacht. Immer deutlicher fühlten wir, dass wir uns im Wettlauf mit der Zeit befanden, im verzweifelten Rennen mit den großen Geschehnissen des Krieges.

Pfarrer Martin Lörcher, zwischen 1946 und 1954

Als erster, der Quartier gewährte, sprang nun doch Apotheker Kleinknecht aus Metzingen in die Bresche. Zusammen mit seiner Frau stellte er alle Bedenken, die er vor kurzem noch gehabt hatte, zurück und rief uns zu sich. Den Ort Riederich, in dem wir von unserem Aufenthalt her nicht unbekannt waren, wollten wir aber dabei unter keinen Umständen passieren. So wurde uns ein Feldweg nach Metzingen gewiesen. Pfützen und fußhoher Schlamm machten ihn fast unpassierbar, so dass wir entsetzlich verschmiert und mit dick verklebten Schuhen in der gepflegten Wohnung eintraten. Vier Tage konnten wir bleiben und feierten währenddessen Wiedersehen mit unserem Gepäck, das dort bereits im Keller lagerte. Ein zweites Quartier im gleichen Ort war das Ergebnis weiterer Bemühungen des Apothekers. Auch unseren Mentor, Vikar Lörcher, sahen wir hier wieder. Bei denkbar schlechtem Wetter, oft bei Nacht, war er für uns unterwegs gewesen und wollte uns nun persönlich auf Nebenstraßen und wieder über die Felder nach Oferdingen bringen, zur Familie des Pfarrers Reith, die sich bereit erklärt hatte, uns für drei Tage zu nehmen. Pfarrer Reith gehörte eigentlich nach Seeheim a. d. Bergstraße, doch der zuständige Gauleiter Sprenger hatte ihn aus Hessen entfernt, und nun fand er, wie so viele andere aus dem Reiche, in Württemberg Zuflucht. Selbst von

Pfarrfamilie Beierbach, Metzingen, hinten: Pfarrer Gustav Beierbach, vorne: Helmut, Ehefrau Erika, geb. Reusch, Albrecht, Hildegard, 1946/47

Leid getroffen, hatte er besonderes Verständnis für andere in ähnlicher Lage, und bereits nach wenigen Minuten der Unterhaltung erklärte er uns, es käme gar nicht in Frage, dass wir schon nach drei Tagen wieder weiterzögen. Wir freuten uns darüber, nicht nur für uns selbst, sondern auch für Pfarrverweser Lörcher, der trotz aller Mühen noch keine weitere Bleibe für uns aufgetan hatte und so etwas Zeit bekam, mit seinem Fahrrad wieder von Urach aus über Land zu fahren und zu suchen. Endlich fand er, wie er uns sagen ließ, für einige Tage Asyl in Mittelstadt. Aus den beabsichtigten drei waren zehn Tage geworden, und man hätte uns sicher noch länger behalten, wenn nicht ausgebombte

Verwandte eingetroffen wären. So zogen wir denn nach Mittelstadt zu Frau Pfarrer Elsäßer, deren Mann bereits gefallen war und sie mit ihrem kleinen Sohn zurückließ. Auch hier waren nur einige Tage vorgesehen und auch hier blieben wir zwei Wochen. Zwei ganze Wochen! Für uns ein gewaltiger Sprung nach vorn! Denn das Rennen verschärfte sich. Schon standen die Spitzen der Alliierten am Rhein, und im Elsass befürchtete man die Landung von Luftlandetruppen. Ununterbrochen war die Landwacht bzw. der Volkssturm schon auf allen Straßen, und wir konnten den Ort nicht verlassen, obwohl wir uns mehrere Male anschickten, weiter zu ziehen. Die Aussicht auf Rettung und die Gefahr der Entdeckung im beginnenden Chaos wuchsen im gleichen Maße. Unsere Nerven waren angespannt bis zum Zerreißen. Zweimal mussten wir Pfarrverweser Lörcher bitten, zu einer Beratung zu kommen, denn telefonisch ließ sich nichts von dem besprechen, was unser Herz bewegte. Jedes Mal erschien er in stockdunkler Nacht und machte mit ein paar humorvollen Bemerkungen die heikelste Situation harmlos. Als die Gelegenheit günstig war, brachte Frau Elsäßer uns persönlich zu Fuß bis Metzingen, um sich bei einer eventuellen Kontrolle für uns einsetzen zu können. Doch es ging glatt, und dadurch ermutigt ließen wir uns sogar überreden, mit ihr zum Abschied in einem Restaurant zu Mittag zu essen. Durchaus wollte sie uns noch bis Dettingen, unserem Ziel, bringen, doch wir baten sie dringend, davon abzusehen, und marschierten alleine los. Drei Tage Aufenthalt bei Pfarrer Rittmann, dann brachte er uns selbst bis an den Rand der Fluren von Neuffen.

Pfarrer Georg Reith, Oferdingen, 1956

Inzwischen war es Mitte Dezember geworden, und in unsere ewigen Sorgen um die Wegkontrollen mischte sich bereits ein klein wenig Vorfreude auf den uns versprochenen Weihnachtsaufenthalt in Reichenbach. Aber von Neuffen nach dort war ein sehr weiter Weg. Uns graute davor, das Gepäck bei fürchterlichem Wetter die ganze Strecke schleppen zu müssen, und da von Neuffen eine Kleinbahn nach Nürtingen ging, die, wie man uns fest versicherte, nicht kontrolliert würde, entschlossen wir uns, mit unserem eisernen Vorsatz, keine Bahn wieder zu benutzen, zu brechen und am frühen Morgen dieses Bähnchen zu

Pfarrwitwe Elsa Elsäßer, geb. Lamparter (rechts), mit ihrer Mutter Anna Lamparter, geb. Weigle, und dem Sohn Helmut, Mittelstadt, wahrscheinlich Herbst 1943

besteigen, um erst dann zu Fuß nach Reichenbach weiterzugehen. Am Nachmittag unseres letzten Neuffener Tages erschien wiederum Freund Lörcher, um uns zu sagen, dass das Nürtinger Dekanat, wo wir ursprünglich zu übernachten beabsichtigten, überfüllt sei, und so begrüßte er unseren Entschluss, die Bahnfahrt zu wagen, mit Freuden. Es war unser letztes Gespräch mit ihm. Wir haben ihn erst wiedergesehen, als wir wieder Krakauer heißen durften.

Das Thermometer zeigte zehn Grad unter Null, als wir aufbrachen. Der Zug, der uns nach Nürtingen brachte, war zum Bersten vollgepfropft, was wir dankbar und mit Genugtuung quittierten. Über Plochingen schlugen wir die Richtung nach Reichenbach ein. Unterwegs wagte ich es, zum ersten Male, einen Lastwagen anzuhalten, der uns auch mitnahm, meine Frau im Führerhaus, ich oben im Freien. Wenn die Fahrt auch nur eine halbe Stunde dauerte, so genügte der schneidende Wind, mich so auszukühlen, dass ich vor Starre kaum vom Wagen steigen konnte. Das letzte Stück gingen wir zu Fuß, erfüllt von allerlei Befürchtungen, je näher wir dem Ziele kamen. Denn ein paar Tage vorher hatten wir gehört, dass der Vater von Frau Pfarrer Dipper, Prälat Gauß, bei dem schweren Luftangriff auf Heilbronn sein Haus und seinen gesamten Besitz verloren habe und mit seiner Schwester und seiner Hausgehilfin in Reichenbach Aufnahme fand. Wir waren bereits auf eine Absage gefasst, aber sie erfolgte nicht. Pfarrer Dipper hatte uns über Weihnachten zu sich eingeladen, und er stand zu seinem Wort, so schwierig es ihm jetzt auch war, es zu halten. Drei Personen zählte die Pfarrersfamilie, drei die Familie Gauß, eine Gemeindehelferin wohnte auch im Haus, und dazu noch zwei evakuierte Duisburger Kinder. Außer im Amtszimmer standen überall Betten. Zum Schluss traf das Töchterchen einer Schwester des Hausherrn ein und die Eltern eines der Duisburger Kinder. Diese beiden ließen sich allerdings im Pfarrhaus beim besten Willen nicht mehr unterbringen, zu den Mahlzeiten jedoch waren auch sie anwesend. Die Weihnachtstafel hatte der Überfüllung des Hauses entsprechend ein gewaltiges Format, und auch wir wurden mit schönen und uns wichtigen Geschenken bedacht. Die Feiertage waren kaum vorüber, als Pfarrer Dipper bei tiefem Schnee und beißender Kälte wie-

Pfarrehepaar Adolf und Elisabeth Rittmann, geb. Mayer, in Dettingen, o.D.

der aus dem Hause ging, um für uns ein neues Versteck ausfindig zu machen. Tag für Tag tat er das, und manchmal war es noch tiefe Nacht, wenn er aufbrach. Fragte ich ihn nach dem Zweck seiner Wanderungen, antwortete er nur kurz: »Dienstreisen«, oder »Zusammenkünfte«. Nur wenn er etwas in Aussicht hatte, machte er eine Andeutung über den wirklichen Zweck seines Bemühens. Von Fehlschlägen sollten wir nichts wissen, wie er überhaupt nicht wollte, dass wir uns um unser

Pfarrfamilie Gotthold Hezel, Neuffen, sitzend von links: Gotthold Hezel, Elise Eisfelder, Martin, Linchen Hezel, geb. Eisfelder. Stehend von links: Hede, Frieder, Ernst, Berta Eisfelder, Hans, Elisabeth, Januar 1943

weiteres Schicksal Sorgen machten. Die nahm er ganz allein auf sich. – Für mich gab es in diesen Tagen eine besonders schöne Tätigkeit, da ich die Pfarrhausbibliothek katalogisieren und ordnen durfte. Vier Wochen vergingen damit wie im Fluge.

In Plochingen hatte uns eine Gemeindehelferin eine Unterkunft besorgt, da uns das Pfarrhaus wegen Platzmangel nicht aufnehmen konnte. Aber Frau Pfarrer Palmbach und auch Fräulein Zeller, die Gemeindehelferin, trugen dazu bei, dass wir unserer Gastgeberin, der in Lodz geborenen Frau eines Bahnangestellten, der selbst im Felde war, nicht alles wegaßen. Trotz außerordentlich beengter Verhältnisse nahm uns diese einfache Frau freudigen Herzens auf, und ich fürchte, dass sie sehr viele Lebensmittelvorräte, die eigentlich für Notzeiten aufgehoben werden sollten, für uns verbrauchte.

Vierzehn Tage waren hier vorgesehen, dann sollten wir weiter, aber es war so viel Schnee gefallen, dass es uns unmöglich schien, auf die Landstraße hinauszugehen; denn der Zustand unseres Schuhwerks hatte einen beängstigenden Grad der Auflösung erreicht. Doch für uns gab es kein Bleiben. Pfarrer Dipper brachte die Nachricht, dass wir demnächst in der Herrenberger Gegend Quartier bekommen sollten. Der Weg dorthin war weit, und skeptisch betrachteten wir bei diesem Gedanken unsere Schuhe. Pfarrer Dipper fand auch hier den rettenden Ausweg. Ein Reichenbacher Fabrikant sollte uns mit seinem Lastauto holen und zu unserem neuen Zufluchtsort bringen. Er war genau über uns orientiert, wollte aber, um den Fahrer nicht aufmerksam zu machen, so tun, als ob wir nur zufällig mitführen. Doch das Schneetreiben nahm zu und ein Wagen konnte die Straßen kaum noch passieren. In Plochingen zu bleiben war ausgeschlossen. Wir mussten weg, und so blieb nur übrig, auf ein bis zwei Tage nach Esslingen ins Pfarrhaus Schmidt zu gehen. Der Schnee vermischte sich mit Regen, und wir kamen in scheußlichem Zustande in Esslingen an – noch dazu unerwartet. Die Nachrichtenübermittlung hatte nicht funktioniert, ein zusätzlicher Bescheid war nicht richtig verstanden worden, jedenfalls hatte man mit unserem Kommen nicht gerechnet. Trotzdem durften wir bleiben.

Fabrikant Robert Schöttle, Reichenbach, o.D.

Zwei Tage später fuhr auch der Lastwagen vor, der so beladen war, dass wir selbst kaum noch Platz darin fanden. Es schneite und regnete abwechselnd, doch unter der Plane saßen wir trocken, wenn auch bitter kalt. Warum war der Wagen, der doch nur gekommen war, um uns zu holen, so voll beladen? Herr Schöttle, der Fabrikant, gab uns bald Auskunft. Autofahrten durften nur noch gemacht werden, wenn sie lebenswichtig waren. Also täuschte er eine lebenswichtige Fahrt vor, indem er eine Portion von ihm produzierter Waren spazieren fuhr. Und dass die Fahrt lebenswichtig war, stimmte sogar genau, wenn auch nicht für das Dritte Reich, so doch für uns. Herr Schöttle war aus der Kirche bereits vor vielen Jahren ausgetreten, aber Pfarrer Dipper wusste dennoch genau, dass er in ihm einen scharfen Gegner des Nationalsozialismus vor sich hatte, und er entschloss sich, mit ihm über uns zu sprechen und ihn um seine Hilfe zu bitten. So arbeiteten die verschiedensten Richtungen Hand in Hand. Der Fabrikant entschuldigte sich, dass er uns nicht auffordere, in seinem Hause zu wohnen, aber besondere Umstände erlaubten das nicht. Er bedauerte, dass er von dem Mangel nicht unterrichtet worden sei, den wir an Kleidung und Schuhwerk litten, denn er hätte uns gern etwas verschafft. Er gab uns alles, was er bei sich hatte, Lebensmittelmarken, Proviant, Rauchwaren und auch Bonbons. – In diesem Mann repräsentierte sich eine ganz andere Welt als die, die wir in den Pfarrhäusern kennen gelernt hatten. Er gehörte in die Reihe, die etwa der Ingenieur Michel in Stuttgart vertrat. Sie halfen uns nicht, weil das Gebot des Alten und des Neuen Testamentes sie dazu verpflichtete, nicht aus betont christlicher Nächstenliebe, nicht um dem Heiland und dem barmherzigen Samariter nachzueifern, sondern ihr Einstehen für uns war eine rein psychische Reaktion der Abwehr gegen den unerhörten Terror, unter dem das ganze Volk litt.

Eigentlich sollten wir in Nufringen nur einen Tag Station machen, aber man brachte es doch nicht übers Herz, uns bei dem schlechten Wetter, es taute immer mehr, gleich weiterziehen lassen, und so blieben wir fünf Tage. Es war Februar geworden, und die Kämpfe spielten sich zum Teil schon auf deutschem Boden ab. Mit der Angst und der Verwirrung der Behörden steigerten sich zugleich ihre Wut, ihr Druck und die Schärfe ihrer Kontrollmaßnahmen. Das Ende des Systems zeichnete sich jetzt auch für den Borniertesten deutlich sichtbar ab, nur die Himmlersche Polizei und die Goebbelssche Propaganda liefen

Magdalena und Friedrich Bopp, Plochingen, mit ihren drei Töchtern, vierziger Jahre

noch auf vollen Touren, um das nun doch langsam, wenn auch zu spät »erwachende« deutsche Volk an der Kette zu halten. Einesteils wurde die Bereitwilligkeit, uns und unseren Schicksalsgenossen zu helfen, dadurch größer, ebenso aber die Angst, noch in letzter Stunde entdeckt und vernichtet zu werden. So wurden wir und alle Beteiligten immer wilder hin und her gerissen, von Hoffnungsfreude, Unsicherheit und Grauen, wir könnten zugrunde gehen mit dem Ziel vor Augen. Eisern arbeiteten unsere alten Freunde daran, das letzte Stück unseres Weges fest zu untermauern und gegen alle Überraschungen abzuschirmen. Denn je verworrener die Verhältnisse wurden, desto sorgsamer musste unser Schleichpfad vorbereitet werden. Auf Nufringen folgte Kayh. Eine ganz junge Pfarrfrau nahm uns auf. Sie hatte keine Ahnung, dass wir im November des vergangenen Jahres bei ihrem Schwiegervater in Metzingen gewesen waren, und dieses Bewusstsein erleichterte ihr die Tat, zu der sie sich freiwillig entschlossen hatte, ohne genau sagen zu können, wie ihr im Felde stehender Mann sich dazu stellen würde; denn sie trug die Verantwortung für vier kleine Kinder. Die zwei Wochen in Kayh vergingen schnell und angenehm, da wir wussten, dass wir von da aus nach Kuppingen zu Pfarrer Eisenmann konnten. Das nächste Quartier bereits im voraus zu kennen, war nicht nur eine große Beruhigung für uns, sondern auch eine Ruhepause für diejenigen, die für uns suchten.

Pfarrer Gottfried Hermelink, Nufringen, o.D.

Pfarrfrau Maria Kleinknecht, Kayh, vierziger Jahre

Kuppingen hat keine Bahnstation. Damit wir auch sicher dorthin gelangten, schickte das Pfarrhaus seinen Ältesten, einen 15 Jahre alten Jungen, voraus und ließ uns holen. Anfangs war man etwas ängstlich, wie unsere Anwesenheit wohl verlaufen würde, aber es muss besser gegangen sein als erwartet, denn aus den vorgesehenen zwei Wochen wurden vier. Man nahm uns wie üblich als Besuch auf, und wir traten auch nach außen hin als solcher in Erscheinung. Die Gemeindeschwester des Ortes, die über uns Bescheid wusste, sagte mir einmal, wenn man aus Kuppingen fünf Leute entfernen könnte, dann sei dort vom ganzen Nazitum nichts mehr da. Aber diese fünf Leute terrorisierten das ganze Dorf. Auch der Bauer und Kirchenpfleger Berstecher wusste, wer wir waren, und mancher Bissen, den wir in Kuppingen verzehrten, kam aus seinem Hause. Bei Tisch fiel uns auf, dass der jüngste Sohn des Pfarrers bei den Hauptmahlzeiten fehlte. Erst später erfuhren wir, dass ebenfalls Familie Berstecher ihn zum Essen eingeladen hatte, solange wir da waren, um dem Pfarrhaus einen Esser zu ersparen. Kleinigkeiten nur, kleine, anscheinend unwichtige Ereignisse am Rand unseres We-

Pfarrer Erhard Eisenmann, Kuppingen, o.D.

Kirchenpfleger Jakob Berstecher, Kuppingen, 1959

ges, aber sie ließen uns erkennen, dass die Kreise, die sich durch ihre Taten gegen die Befehle des Diktators stellten, größer waren, als wir geahnt hatten. Vier Wochen Asyl waren ein göttliches Geschenk in der zunehmenden Verwirrung dieser Tage. Sie verflossen für mich umso schneller, als ich mit interessanten Kirchenbucharbeiten beschäftigt war. Der Ort verhielt sich still.

Sie kommen!

In Pfarrer Dippers Reiseplan war vorgesehen, dass wir uns jetzt mehr nach dem Süden Württembergs wenden sollten, aber die Gegend von Schwenningen war weit und kaum noch zu erreichen. Zwischenstation ließ sich nicht finden, so sehr Pfarrer Eisenmann sich darum auch bemühte. Eine Zusammenkunft bei Pfarrer Dilger in Cannstatt wurde anberaumt, zu der ein ganzer Kreis unserer Beschützer erschien. Man beschloss, unsere Route zu ändern und uns, wenn es irgend ging, wieder in der Waiblinger Gegend unterzubringen, da es im Bereich des Schwarzwaldes, dem sich die Rheinfront näherte, viel zu gefährlich geworden war. Pfarrer Mörike übernahm es, für uns zu suchen, und war mehrere Tage unterwegs. Auch die Nachrichtenübermittlung wurde immer schwieriger, und erst im letzten Augenblick erfuhren wir, dass wir nach Sindelfingen zu einer Eintagesstation kommen sollten. Einen Tag! Aber es waren für uns 24 gewonnene Stunden. Von da aus sollten wir im Waiblinger Dekanat erfahren, wo wir uns weiter aufhalten könnten. Fabrikant Bitzer holte uns mit seinem Wagen in Kuppingen ab und brachte uns am nächsten Morgen bis zur Straßenbahnstation in Vaihingen, von wo aus wir teils fahrend, teils laufend nach Waiblingen pilgerten. Unterwegs wandten wir alle Vorsicht an, deren wir fähig waren, denn es ging ums Letzte. Die Front kam näher. Schon war die Gegend, durch die wir, eifrig nach Kontrollen Ausschau haltend, zogen, Kampfhinterland geworden, und Alarme und Luftangriffe hörten nicht mehr auf. In Kuppingen hatten wir täglich mehrere Male in den Keller stürzen müssen, und an dem einen Tage unseres Aufenthaltes in Sindelfingen erlebten wir einen schweren Angriff auf den Flugplatz in Böblingen, wobei das ganze Haus auseinander stob, um irgendwo Schutz zu suchen, da es einen bombensicheren Keller nicht gab. In Waiblingen angelangt, waren wir darauf gefasst, sofort weiterziehen zu müssen, aber davon wollte das Dekanat nichts hören, und man hielt uns vorerst fest. Unser nächstes Ziel hieß Korb. Da die Dispositionen des dortigen Pfarrhauses es nicht anders zuließen, mussten wir ohne Aufschub kommen, für sieben Tage. Auch hier war es eine allein stehende Pfarrfrau, die uns zu sich nahm, obwohl ihr Haus schon reichlich besetzt war. Vier Kinder, eine Gemeindehelferin und eine Schwester mit Tochter wohnten bei ihr. Wir saßen bei Tisch und unterhielten uns über das, worüber jedermann sprach, über die herannahende Front. Da stürzte mit allen Zeichen höchster Aufregung die Lehrerin ins Haus und brachte die »offiziöse« Nachricht, Korb müsse geräumt werden, weil es Kampfzone würde. Sie selbst machte sich zum Abmarsch fertig und wollte die Pfarrfrau und uns durchaus bewegen, sich ihr anzuschließen. Als sie damit keinen Erfolg hatte, zog sie allein davon, um nach ein paar Tagen, als die offiziöse Meldung sich nicht bewahrheitete, leise wieder zurückzukehren. Dennoch ließ die Situation jetzt an Ungemütlichkeit nichts mehr zu wünschen übrig. Wir mussten weiter, hinaus in das täglich wachsende Chaos. Wieder öffnete das Waiblinger Dekanat seine Türen, und wir hofften, den Einzug der Alliierten dort abwarten zu können. Man rätselte noch, ob Franzosen oder Amerikaner Waiblingen besetzen würden. Die Straßenkontrollen waren abermals verschärft worden, und Dekan Zeller kam uns nach Korb entgegen. Leider verfehlten wir uns, aber wir schlüpften alleine durch alle Sperren bis Waiblingen durch. Eigentlich sollte meine Frau jetzt nach Stetten und ich nach Grunbach gehen. Aber in dieser offen-

Fabrikant Martin Bitzer, Sindelfingen, o.D.

sichtlich letzten Phase wollten wir uns nicht mehr trennen, und man sah das ein. So blieben wir noch einen Tag, und noch einen, immer im Glauben, dass es nur noch Stunden dauern könne. Doch die Befreiung ließ auf sich warten. Im Frühjahr ist es in einem Stadthaushalt besonders schwer, mit den Lebensmittelzuteilungen auszukommen, und im Dekanat gab es nur drei Karten. Die Post setzte aus, und Hilfe von Pfarrer Dipper oder Mörike kam nicht mehr heran. Wir saßen fest; noch einmal boten die Ereignisse unserer Wanderschaft Halt. Da erschien eine sehr junge Dame im Dekanat, die uns als Frau Pfarrer Spieth aus Stetten vorgestellt wurde. Als Dekan Zeller ihr erzählte, dass wir in diesen kritischen Tagen gerne zusammen bleiben wollten, erklärte sie sich bereit, nicht nur meine Frau, sondern uns beide bei sich aufzunehmen – für eine Woche. Eine Woche, nicht nur einen Tag! Bis dahin würde sich alles entscheiden. Wenn es uns gelang, diese acht Tage zu überstehen, waren wir gerettet. Von Dekan Zeller persönlich geleitet, zogen wir mit dem Handwagen los, da wir in der Schlussphase unser Gepäck gern bei uns behalten wollten. Es fiel mir nicht leicht, den Wagen die bergige Straße hinaufzubekommen, und der Dekan spannte sich mit mir zusammen davor. An jeder Straßenkreuzung standen Posten. Doch noch kümmerte sich keiner um unser kleines Häuflein. Durch Rommelshausen fuhr ich mit dem Wägelchen voraus, dahinter gingen der Dekan und meine Frau. Da, an der Kreuzung der Hauptstraße Doppelposten! Prompt wandte sich der eine zu uns. Für einen Augenblick setzte uns allen Dreien der Herzschlag aus, denn jetzt kam es darauf an, ob die zurecht gelegte Ausrede geglaubt wurde. Wir begleiteten als Besuch den Dekan dabei, einen Teil seiner

Pfarrfrau Martha Beck, geb. Schreiber, in Korb, Kriegszeit

Pfarrehepaar Helmut und Hildegard Spieth, Stetten/Remstal, Kriegszeit

Habe in Sicherheit zu bringen, hätten aber in der Eile unsere Ausweise vergessen. Wenn sie nicht geglaubt würde …? Wir hatten umsonst gesorgt. Im letzten Augenblick griff der Himmel helfend ein. Zwischen uns und den Posten schob sich ein Soldat, der für jenen anscheinend interessanter war als wir erbarmungswürdige Zivilisten mit dem ärmlichen Wägelchen. Zitternd, aber unbehelligt karrten wir an der Kontrolle vorbei. In Stetten wurden wir von der jungen Pfarrersfrau mit unbeschreiblicher Herzlichkeit aufgenommen, als ob unserer Flucht ein besonders schöner und begütigender Abschluss gegeben werden sollte. Aus einer Woche waren schon fast zwei geworden. Nur langsam schob sich die Front näher. Immer unschlüssiger wurden wir, was wir tun sollten. Einerseits wollten wir weiter, zum anderen zögerten wir, da die Kämpfe täglich, ja stündlich über uns hinweggehen konnten. Die Vorräte in dem Eineinhalb-Personen-Haushalt schmolzen sichtlich zusammen. Grunbach erwartete uns, wo man sich bereit erklärt hatte, uns wenigstens für einige Tage beide zu nehmen, obwohl ursprünglich vereinbart war, dass nur ich allein kommen sollte. Der Pfarrer besuchte uns mehrere Male, doch wir fühlten, dass die Verhältnisse seines Ortes ihn etwas beunruhigten. Ein Standgericht habe sich gebildet, dessen Mitglieder ihm nicht wohl gesonnen waren, und man fürchtete für uns. Aber am Abend des 20. April erschien er mit dem Fahrrad, um einen unserer Koffer zu holen. Dabei verabredeten wir, dass Frau Pfarrer Spieth uns ein Stück des Weges bringen und er uns dann in Empfang nehmen sollte. Wir waren schon abmarschbereit, als Frau Pfarrer Spieth, einer plötzlichen Eingebung folgend, uns dringend bat, in Stetten zu bleiben. Auch ihr war die Lage in Grunbach nicht unbekannt. Am Samstag, den 21. April, frühmorgens brachte man uns den Koffer zurück, glücklich, dass wir nicht gekommen waren, denn in der Nacht wurde das ganze Haus von deutscher Einquartierung belegt.

Um die Mitternacht vom 20. zum 21. April trommelte es auch gegen die Tür des Stettener Pfarrhauses. Deutsche Ärzte und Offiziere zogen ein, doch nur für eine halbe Stunde, dann wurden sie wieder alarmiert. Die Amerikaner mussten dicht hinter ihnen sein. Die Stimmung im Hause bei der plötzlichen Einquartierung ließ uns erkennen, dass unsere Anwesenheit den übrigen Bewohnern nicht sehr angenehm war. Menschlich begreiflich, auch ihre Nerven fieberten. Als sie aber von der Pfarrersfrau verlangten, sie solle uns am nächsten Morgen wegschicken, weigerte sie sich ganz entschieden und erklärte, das sei ihr Haus, für das sie allein die Verantwortung trage. Solch fester Hilfsbereitschaft vieler Menschen verdanken wir unser Leben.

Die Telefonverbindung mit Waiblingen war noch intakt. Am Morgen des 21. April gab das Dekanat Nachricht, dass wir am 23. in Rudersberg erwartet würden. Doch kurz darauf ein zweiter Anruf aus dem nahen Nachbarort: Teile der amerikanischen Armee eingetroffen! Unsere Ungeduld erreichte den Siedepunkt. Wenn jetzt nicht noch ein ganz ungeheuerlicher Zufall eintrat, dann war der Tag unserer Befreiung, unserer Rettung gekommen.

Es wurde 16 Uhr, und wir saßen am Kaffeetisch, als von der Straße ein Ruf ins Zimmer drang: »Amerikanische Tanks!« Mit wilden Sprüngen stürzte ich ins Freie, während die Frauen mit ein paar Nachbarn in den Pfarrhauskeller gingen. Langsam kamen drei amerikanische Soldaten die Straße herauf, nach allen Seiten scharf beobachtend, gefolgt von einem Jeep, auf dem fünf Mann saßen. Dann schoben sich einige Panzerwagen um die Ecke und bauten sich an der Kirche auf. »Sie sind da!« rief ich meiner Frau zu und konnte nur mit Gewalt meine Erregung bändigen. Mit ihr kamen auch die anderen aus dem Keller. Eine größere Anzahl Soldaten in Gefechtsformation zog jetzt vorbei. Die gesamte Bevölkerung erschien vor den Häusern. Ich hielt meine Frau am Arm, die Finger krampften sich in das Tuch ihres Mantels. Am liebsten hätten wir laut aufgeschrieen. Doch noch immer mussten wir schweigen, durften nicht auffallen und uns nichts merken lassen. Denn wenn aus irgendwelchen Gründen der Ort wieder hätte geräumt werden müssen, wir wären verloren gewesen und das Pfarrhaus mit uns. Meine Frau sah mich an und ich sie, unfähig, ein Wort zu sprechen. Aber unsere Gesichter sagten mehr als alle Worte: Wir würden unser Kind wieder sehen!

Ausgehsperre! Keiner konnte aus dem Ort heraus und keiner in ihn hinein. Unsere Bemühungen, den Kommandanten zu sprechen, blieben drei Tage lang erfolglos. Dabei brannten wir darauf, endlich aus unserer Anonymität auftauchen zu dürfen. Seltsame Situation: Befreit, und doch wussten wir nicht, was wir nun tun sollten. Da läutete am Nachmittag des 23. die Pfarrhausglocke. Draußen stand Dekan Zeller, um uns nach Waiblingen zu holen. Auch er hatte sich überlegt, dass es besser war, wenn wir uns in Waiblingen, dem größten Ort des Bezirkes, bei den Amerikanern meldeten. Als oberster Geistlicher hatte er sofort beim Kommandanten Zutritt erhalten und mit ihm über uns gesprochen. Jetzt stellte er uns unmittelbar unter seinen Schutz. Interessiert hörte der Offizier meinem vor Freude überstürzten Bericht zu – noch immer konnte ich nicht fassen, dass alle Schrecken, alle Verfolgung nun zu Ende sein sollte –, und er glaubte mir nicht! Zwei Juden über zwei Jahre im Herzen Deutschlands vor den Nazis auf der Flucht! Zu ungeheuerlich erschien ihm das, als dass er es für möglich gehalten hätte. Wir wurden einem sehr scharfen Verhör unterzogen, da man annahm, dass wir uns mit diesem Märchen tarnen wollten. Beweise forderten sie von uns. Beweise, dass wir wirklich Juden seien! Aber die hatten wir ja nicht, wohlweislich! In den ersten Tagen unserer Flucht hatten wir alles von uns getan, was darauf hindeuten konnte. Nur langsam wich das Misstrauen.

Mit Rücksicht auf die Einquartierung und die Verknappung des Wohnraumes bat uns die Stadt, vorläufig noch an unserer Zufluchtsstätte zu bleiben. So mussten wir die Gastfreundschaft des Dekanehepaares noch bis zum 11. Juni in Anspruch nehmen, und man behielt uns gern. Aber unser Wunsch, endlich wieder ein eigenes Heim zu besitzen, wuchs unaufhörlich. Zu stark hatte er uns manchmal schon gepackt und uns beinahe überwältigt, wenn wir von einem Ort zum anderen zogen, um Asyl zu erbitten, immer wieder, Woche um Woche, Monat um Monat, über zwei Jahre. Nachdem das Dritte Reich uns alles genommen, war eine der ersten Anordnungen der Befreier, uns eine Wohnung zu geben. Ist sie auch kein Ersatz für alles, was wir verloren und erlitten: Wir haben wieder ein eigenes Heim.

Unser Kind, unsere wenigen geretteten Verwandten und Bekannten im Ausland wissen, dass wir leben.

Trauernd gedenken wir derer, die wir nicht wieder sehen können, da sie ermordet wurden: fast alle unsere Angehörigen und Freunde.

Schluss

In tiefer Demut danken wir Gott für seine Hilfe, ohne die wir verloren gewesen wären. Solange es uns vergönnt ist zu leben, werden wir ihn dafür preisen.

Wir danken auch all den vielen Menschen, die um unsretwillen Freiheit und Leben aufs Spiel setzten, unsretwegen, die sie vorher nie gesehen noch gekannt. Siebenundzwanzig Monate haben sie uns nicht nur beherbergt und ernährt, sondern darüber hinaus mit allen den Mitteln des täglichen Lebens versehen, die notwendig waren, um diese Zeit zu überstehen.

Am 20. Mai 1945 konnte ich Herrn Landesbischof D. Wurm sprechen und ihm als dem obersten Geistlichen des Landes dafür danken, dass er es durch seine Haltung seinen Pfarrern ermöglichte, sich unserer so anzunehmen, wie sie es getan haben.

Erst Wochen nach dem Ende des Dritten Reiches kam es vielen, die wir trafen, zum Bewusstsein, was man in den vergangenen zwölf Jahren uns und allen Juden angetan hatte. Langsam dämmerte ihnen, was es bedeutete, als Jude im Dritten Reich verborgen gelebt zu haben und gerettet worden zu sein. Viele, wenn auch nicht alle, die es konnten, bemühten sich nach Kräften, uns vergessen zu lassen, was hinter uns lag.

Möge das Beispiel der Barmherzigen dazu beitragen, die Menschen zu veranlassen zu helfen, wo andere in Not sind, selbstlos und mutig, wie uns geholfen wurde. Und sie können gewiss sein: Gottes Segen ruht auf solchen Taten.

Nachwort

Neuanfang 1945

Ende April 1945 ging für Ines und Max Krakauer die lange Odyssee zu Ende. Die amerikanischen Besatzungstruppen nahmen den Landkreis Waiblingen ein.[1] Am Nachmittag des 23. April läutete im Stettener Pfarrhaus die Klingel. Dekan Zeller holte Familie Krakauer ab und brachte sie zum amerikanischen Kommandanten nach Waiblingen. Der konnte die Fluchtgeschichte gar nicht glauben und unterzog die beiden einem scharfen Verhör. Schließlich wich, wenn auch nur allmählich, das Misstrauen. Noch bis zum 11. Juni 1945 waren die Krakauers Gäste des Waiblinger Dekans Zeller. Danach wohnten sie bis zum Jahr 1950 in Waiblingen, Schorndorferstraße 80.

Nun konnten die Krakauers wieder ihren richtigen Namen tragen. Während der Flucht hatten sie sich den Tarnnamen Hans und Grete Ackermann zugelegt. Ihre Briefe unterschrieben sie nun mit Max bzw. Ines Krakauer. Ines ist die Kurzform des Vornamens von Frau Krakauer, nämlich Karoline.

Nach und nach wurde für die beiden Überlebenden die Befürchtung zur Gewissheit, dass die meisten ihrer Verwandten und jüdischen Bekannten das »Dritte Reich« nicht überlebt hatten, sondern Opfer der Shoah geworden waren. Zu ihrer großen Freude erfuhren sie bald nach dem Krieg, dass ihre Tochter Inge noch lebte.

1 Die folgenden Ausführungen beruhen u.a. auf Aufzeichnungen von Inge Stutzel, Auskünften von Sender Stutzel und Prof. Hans M. Wuerth, einem Interview von Susanne Fetzer mit Sigrid Warscher, einem von Susanne Fetzer eingesehenen Video-Interview der Shoah Foundation mit Inge Stutzel aus dem Jahr 1997 sowie Gesprächen mit Kindern aus Retterfamilien.

Max Krakauer und seine Frau Karoline »Ines« Krakauer, geb. Rosenthal, Juni 1945

Inge Krakauer, geboren 1920, hatte im Januar 1939 noch ein Visum für England bekommen. Dort hatte sie eine Arbeitsstelle als »house maid« gefunden und 1943 in Manchester Sender Stutzel geheiratet. Noch im gleichen Jahr wurde den beiden ein Sohn, Werner, geschenkt.

Inge Stutzel erfuhr unmittelbar nach dem Krieg von Freunden ihrer Eltern, die Zuflucht in Mexiko gefunden hatten, dass Ines und Max Krakauer überlebt hatten und in der Nähe Stuttgarts wohnten. Nach dem Krieg reiste Inge nach Deutschland, um ihre Eltern zu besuchen. Sehr viel später – im Dezember 1993 – erinnerte sie sich so:

The joy of being able to see them again was tremendous, especially since all other refugee friends of mine had lost all their relatives whom they left behind in Germany. Yet, in back of my mind was the nagging question, how to handle my contacts with Germans I would meet. Understandibly, I was not looking forward to those occasions. However, when I met some of the people involved in the actual rescue of my parents, such as Dekan

Zeller, a feeling of genuine friendship and warmth emenated from them, so that any reservations I had, were quickly put to rest. Subsequently, I made many more trips to Germany and met the families of the Mörike's, the Stöffler's, the Lörcher's, the Roller's and many more people who are connected with the »Bekenntniskirche«, and the same feeling of »Humaneness and Brotherhood« was there every time.[2]

Ines Krakauer, Inge Stutzel, geb. Krakauer, und Max Krakauer, 1947

1948 siedelte Familie Stutzel in die USA über. Sie wohnte zuletzt in Plainview, Long Island, N.Y. Sender Stutzel sah seine Schwiegereltern nur einmal, als er 1949 zusammen mit seiner Frau und dem sechsjährigen Sohn eine Europareise machte. Der Sohn Werner kehrte nach einem Studium in England in die USA zurück. Er heiratete dort, blieb aber kinderlos. Er starb 1971, erst 28 Jahre alt.

2 Aufzeichnung von Inge Stutzel, Dezember 1993. Kopie im Besitz des Verf.

Anders als viele Juden, die nach der Kapitulation 1945 zunächst auf deutschem Boden lebten, bemühten sich Max und Ines Krakauer nicht auszuwandern, beispielsweise in die USA. Beide beherrschten die englische Sprache nicht. Da Max Krakauer bald wieder in seinem alten Beruf tätig werden konnte, sahen sie keine Notwendigkeit, Deutschland den Rücken zu kehren.

Max und Ines Krakauer sind nie zu Besuch in den USA gewesen. Einen Einblick in die Gemütslage der beiden gibt ein Brief an Pfarrer Erwin Palmer, Göppingen, einen der Retter, vom 12. Januar 1947, also mitten in dem schweren Hungerwinter 1946/47:

Pfarrer Erwin Palmer mit seiner Ehefrau Hildegard, geb. Zippel, Göppingen, etwa 1955

Vielen Dank für Ihre l. Zeilen v. 21. v. M. Göppingen ist so nah u. man glaubt, jeden Tag mal rüber zu fahren, aber es klappte nie u. so kamen wir bis heute nicht dazu, bei Ihnen einen Besuch zu machen. In meinem Büro bin ich auch so stark in Anspruch genommen, dass ich zu »Privatem« kaum noch komme.

Ja wir sind froh, zu den Überlebenden zu zählen, leider ist die Zahl deutscher Juden, die das von sich sagen können, sehr, sehr klein. Aber die schweren Jahre der Verfolgung sind nicht spurlos an unserer Gesundheit vorüber gegangen. Meine Frau quält sich mit einer Schlaflosigkeit, deren Grund bisher kein Arzt finden konnte u. sie nimmt erschreckend ab. Dann haben wir beide uns ziemlich gewichtige Herzfehler zugezogen, so dass wir eben keine vollwertigen Menschen mehr sind.

Wir haben ja durch die Güte vieler Menschen, zu denen ja auch Sie u. Ihre Frau Gemahlin zählen, unser Leben gerettet, aber je weiter die Zeit unserer Verfolgung zurückgeht, desto mehr machen sich die seelischen Folgen bemerkbar.

Wir sind sehr einsam geworden, denn wir haben hier in Deutschland keine Menschen, mit denen wir früher lebten u. das ist eine drückende Last, die immer größer wird, da man immer mehr Beweise erhält, wer alles an Verwandten u. jahrzehntelangen Freunden nicht mehr auf unserer Erde weilt.

Die Not im Lande, unter der auch die »Gerechten« zu leiden haben, ist groß, das wissen auch wir, aber wir wissen auch, dass große Teile des Volkes die Schuldigen auf der verkehrten Seite suchen u. diese schiefe Einstellung erschwert den Aufstieg mehr, als die Masse weiß.

Unsere Tochter haben wir im Sommer 45 in Manchester, England verheiratet u. als Mutter eines prächtigen Buben wiedergefunden u. sie soll demnächst auf einige Tage zu Besuch kommen. Wann dies aber bei der Absperrung, in der wir leben, der Fall sein wird, das wissen wir nicht.

Wir fanden auch eine Anzahl Freunde in der großen Welt verstreut, denen es unbegreiflich ist, dass wir leben geblieben sind auf dem Wege, der ja auch Ihnen bekannt ist.

Ich möchte bei dieser Gelegenheit nicht versäumen auch Ihnen u. Ihrer Frau Gemahlin recht von Herzen zu danken, dass auch Sie sich damals bereit fanden zu helfen u. wir müssen alle unserem Herrgott danken, dass er zu der Hilfe, die wir empfangen durften, seinen Segen gab.

Lassen Sie u. Ihre Frau Gemahlin sich recht herzlich grüßen von Ihren stets dankbaren

Max Ines Krakauer.[3]

Ein Jahr nach Kriegsende konnte Max Krakauer in Stuttgart in seinen alten Beruf zurückkehren. Im Mai 1946 übernahm er den Filmverleih der Filmkontrolle Stuttgart. Im November 1947 erhielt Krakauer von der amerikanischen Militärregierung als erster eine Lizenz für den »Gewerbsmäßigen Verleih von Filmen«. Seine Firma trug den Namen »Emka-Filmverleih«. Im Angebot war ein gemischtes Programm. Neben »reinen Publikumsfilmen« wurden auch »ambitionierte Streifen« verliehen.

3 Max und Ines Krakauer an Pfarrer Erwin Palmer, Göppingen. Kopie über Jörg Palmer im Besitz des Verf.

Kontakte mit den Retterfamilien

Der Brief aus dem Jahr 1947 macht deutlich, dass Ines und Max Krakauer mit ihren Rettern in Verbindung blieben. Gottfried Roller, der Sohn des Enzweihinger Pfarrers Rudolf Roller, erinnerte sich:

Als ich im Juni 1945 nach Kriegsende und kurzer Gefangenschaft im Lager Mauerkirchen (Österreich) in meine schwäbische Heimat zurückkehrte, fand ich, da mein Wohnort Enzweihingen zunächst im französisch besetzten Gebiet lag, vorübergehend Zuflucht in einem evangelischen Kinderheim in der Stadt Waiblingen, wo meine Schwester Marianne in Ausbildung stand. Von ihr erfuhr ich, dass das jüdische Ehepaar Ackermann alias Krakauer, das auch in unserem Elternhaus wochenlang versteckt gehalten war, gerettet sei und in einem von der US-Army beschlagnahmten Bürgerhaus der Stadt untergekommen war. Ich suchte die beiden auf. Die Begegnung verlief sehr glücklich. Beide waren wir ja, jeder auf seine Art, »Gerettete«. Sie erzeigten sich dem Sohn ihrer Retter überaus dankbar und verschafften ihm eine neue Brille anstelle der im Krieg abhanden gekommenen.[4]

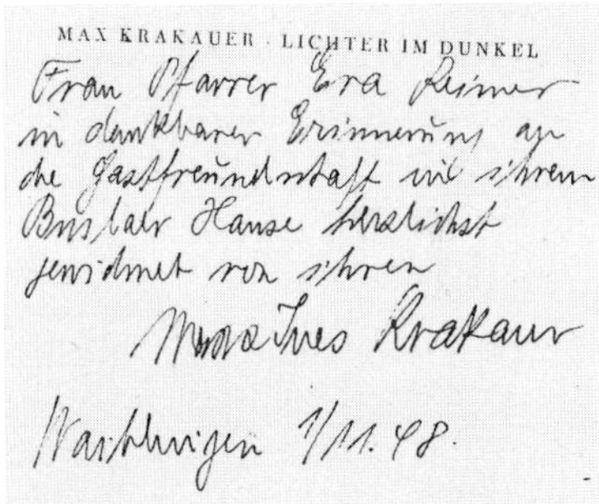

Widmung in der Erstausgabe von »Lichter im Dunkel« für Eva Reimer, die beim Eintreffen des Briefes bereits verstorben war.

Max Krakauer unterstützte – so erinnert sich der Sohn einer Retterfamilie – einen der Helfer auch schon einmal mit einem guten Tabak. Ebenso halfen sie einzelnen Pfarrleuten, als die vor der Spruchkammer erscheinen mussten, weil sie Parteigenossen bzw. Mitglied der NS-Frauenschaft waren. So war Elisabeth Eisenmann in die NS-Frauenschaft eingetreten, damit die wenigen Frauen in der kleinen Dorfge-

4 Gottfried Roller an Verf., 21. Januar 2007.

meinschaft sich überhaupt weiterhin treffen konnten. Vom Ehemann, Pfarrer Erhard Eisenmann, um Hilfe gebeten schickten Max und Ines Krakauer am 4. Juli 1947 ein Entlastungsschreiben. Aufgrund dieses und anderer ähnlicher Zeugnisse wurde das Verfahren gegen Elisabeth Eisenmann eingestellt.[5]

Selbst in die damalige Sowjetische Besatzungszone gingen Briefe,

Max und Ines Krakauer und ihr Auto, ca. 1947

zum Beispiel an die Pfarrfamilie Martin und Maria Reimer in Vorpommern (Hohenbollentin).

1947 entschloss sich Max Krakauer, den Bericht der gemeinsamen abenteuerlichen Flucht im Stuttgarter Behrendt-Verlag in einer Auflage von fünftausend Exemplaren zu veröffentlichen, eine für die Nachkriegszeit einzigartige Dokumentation. Das Buch erhielt den beziehungsreichen Titel »Lichter im Dunkel«. Jede Retterfamilie erhielt ein Exemplar mit einer persönlichen Widmung der Krakauers.

5 Vgl. Schriftwechsel zum Spruchkammerverfahren von Elisabeth Eisenmann. Kopien im Besitz des Verf.

In allen früheren Auflagen kamen die Namen der Retter nur abgekürzt vor. Erst in dieser Neuausgabe werden sie mit vollem Namen im Text genannt.

Fast drei Jahrzehnte blieb es bei der ersten Auflage. Im Jahre 1975, zehn Jahre nach Krakauers Tod, veranlasste einer seiner treuesten Retter, Otto Mörike, eine Neuauflage der inzwischen vergriffenen Broschüre, jetzt im Quellverlag. Der Bericht wurde nun zu einem großen Erfolg. Anfänglich musste fast jedes Jahr das Büchlein nachgedruckt werden bis zum Jahr 1998. Inzwischen wieder vergriffen, erscheint sechzig Jahre nach der Erstveröffentlichung derselbe Text – ohne an Zeugniskraft verloren zu haben – erneut, nun mit vielen Bildern.

Der Grabstein auf dem Friedhof in Stuttgart-Steinhaldenfeld

Die Stuttgarter Jahre

Im Jahr 1950 zogen die Krakauers nach Stuttgart. Max und Karoline Krakauer waren Mitglieder der Israelitischen Kultusgemeinschaft in Stuttgart. Sie waren befreundet mit der jüdischen Familie Warscher. Die Tochter, Sigrid Warscher, erinnert sich, dass sie manchmal von Krakauers zu Filmpremieren im Metropol oder im Palastkino in Stuttgart eingeladen worden seien. Meist habe man sich aber in der Synagoge getroffen. Max Krakauer reüssierte mit seinem Filmverleih leider nicht. Er musste Konkurs anmelden.

Noch lange nach 1945 musste Familie Krakauer um ihre »Wiedergutmachung« kämpfen. Dabei ging es stets darum, den durch die Verfolgung und Flucht erlittenen »Schaden« nachzuweisen. Otto Mörike äußerte sich nach dem Krieg einmal so:

Zu Besuch in den USA (von links nach rechts:) Sender Stutzel, Dora Metzger, geb. Mörike, Inge Stutzel, geb. Krakauer, und Heinz-Dieter Metzger

Die Mörder haben inzwischen ihre Pensionen, die Juden müssen noch immer nachweisen, dass ihnen Unrecht geschehen ist. Aber wie sollten sie es nachweisen, nachdem sie jahrelang versuchen mussten, Spuren zu verwischen und ihre Identität zu vertauschen, und wie viele Beweise sind in den Bombennächten vernichtet worden.[6]

1965 starb Max Krakauer. Nach zwei Jahren zog seine Witwe in ein Altersheim in der Markgröninger Straße 39 in Stuttgart-Zuffenhausen. Dort verstarb sie 1972. Ines Krakauers Nerven waren durch die Zeit der Flucht stark angegriffen worden. So hatte sie nach 1945 häufig unter Nervenzusammenbrüchen zu leiden. Bis zu ihrem Tod erhielt sie immer wieder Besuch von Menschen aus den Retterfamilien.

6 Vgl. Frieder Mörike an Hans M. Wuerth, 5. Januar 1993. Kopie im Besitz des Verf.

Max und Karoline Krakauer sind auf dem Jüdischen Teil des Friedhofs in Stuttgart-Steinhaldenfeld beerdigt.

Retter und Retterfamilien treffen sich mit Inge Stutzel

Auch nach dem Tod von Max und Karoline Krakauer blieben die Retterfamilien untereinander in Verbindung. Das lag nicht zuletzt an Inge Stutzel, die nach dem Tod ihrer Eltern noch einmal Deutschland besuchte. Gottfried Roller erinnert sich:

Nach längeren kontaktlosen Jahren erreichte meine Frau und mich im Jahr 1984 eine Einladung aus Leonberg von Dekan Eugen Stöffler und seiner Frau Erica, zu einem Treffen mit der aus den USA einreisenden einzigen Tochter der Krakauers Inge, verh. Stutzel, Plainview, NY, die damals rechtzeitig emigriert war. Wunschgemäß holten wir die Besucherin am Flughafen Echterdingen ab, ich mit einem großen Schild vor dem Bauch – wir kannten sie ja nicht von Angesicht: Welcome Inge Stutzel! Mit ungewöhnlicher Herzlichkeit wurden wir empfangen! Im Verlauf des Begegnungstreffens im Leonberger Dekanat erklärte die Amerikanerin, wenn sie jetzt noch einmal in diesem Kreis jemand »siezte«, reise sie ab. Grund für ihr Kommen, so ließ sie die Anwesenden wissen, sei, den Rettern ihrer Eltern zu danken und zugleich in ihrem Erbvermächtnis eine kirchliche Einrichtung als Empfängerin eines Erbteils zu bestimmen.[7]

Eine ganze Reihe von Rettern und Kindern von Rettern waren anwesend. Familie Gottfried Roller sowie Heinz-Dieter und Dora Metzger erinnern sich so: Neben dem Ehepaar Eugen Stöffler jun. und mehreren Schwestern Stöfflers waren das Pfarrehepaar Martin und Elisabeth Lörcher, Dorle Pfeiffer, Schwester Ruth Scheuermann aus Aurich, Pfarrer Frieder Mörike, Pfarrer Heinz-Dieter Metzger mit Frau Dora, geb. Mörike, Pfarrer Gottfried Roller mit Frau Waldtraut und den zwei Schwesten Marianne und Brigitte Roller gekommen. 1986 war Inge Stutzel erneut für mehrere Wochen in Deutschland, wohnte eine Woche bei Heinz-Dieter und Dora Metzger, geb. Mörike, besuchte aber auch die Familien Lörcher und Roller. Abgesehen von einem weiteren

7 Gottfried Roller an den Verf., 27. Januar 2007.

Besuch des Ehepaars Stutzel in Deutschland im Mai 1990 blieb es bei Briefkontakten zwischen Deutschland und den USA.[8] Im Jahr 2001 ist Inge Stutzel verstorben.

Gerechte unter den Völkern

Mehrere Helferinnen und Helfer wurden vom Staat Israel geehrt. Sie erhielten die Yad Vashem-Medaille, mit der der Staat Israel Nichtjuden ehrt, die sich um die Rettung von Juden in der Zeit des Nationalsozialismus verdient gemacht haben. Sie werden unter die »Gerechten unter den Völkern« gezählt. Ihnen zu Ehren wird jeweils ein Baum in Yad Vashem gepflanzt.

Prof. Dr. Jörg Thierfelder

8 Vgl. Inge Stutzel an Hans-Martin und Ursula Wuerth, 5. 1. 1991, Kopie im Besitz des Verf.

Kurzbiographie

19. Dezember 1888	Geburt von Max Krakauer in Zaborce-Dorf (1915 in Hindenburg umbenannt), Oberschlesien. Eltern: Salo Krakauer, Kaufmann und Linna Krakauer, geb. Glücksmann
5. Oktober 1894	Geburt von Karoline Krakauer geb. Rosenthal in Frankfurt/Main
1. Weltkrieg	Max nimmt am Krieg teil. Er erhält für seine Verdienste das »Eiserne Kreuz«
Nach 1918	Max ist verantwortlicher Leiter einer Filmverleihfirma in Leipzig
Oktober 1919	Hochzeit von Max und Karoline in Frankfurt/Main
31. August 1920	Geburt des einzigen Kindes: Inge Lieselotte Krakauers wohnen in Leipzig: bis 1934 Karl-Rothe-Straße 9 (1933 in Prendelstraße umbenannt), ab 1935 Springerstraße 22, ab 1936 Pfaffendorfer Straße 50, ab 1937 Fregestraße 7, ab Februar 1939 Nordstraße 58 (bei Pick)
1938	Max wird nach der Reichskristallnacht von den Nazis gesucht. Er versteckt sich im Keller eines Krankenhauses und flieht anschließend vorübergehend nach Berlin. Dort wohnt er in der Wohnung seiner beiden Schwägerinnen und der Schwiegermutter. Alle drei Frauen sind verwitwet und betreiben eine kleine Pension am Kurfürstendamm.

Januar 1939	Tochter Inge kann nach England auswandern (mit einem »domestic permit«). Sie arbeitet zunächst zwei Monate lang in einem Haushalt in Leeds, danach eine zeitlang in einer Bäckerei.
Mai 1939	Übersiedlung von Max und Karoline nach Berlin. Sie wohnen Kurfürstendamm 195.
29. Januar 1943 bis 21. April 1945	Leben im Untergrund
6. Februar 1943	Hochzeit von Inge Krakauer mit Sender Stutzel in Manchester
22. September 1943	Geburt des einzigen Enkelkindes Werner Stutzel
1945 bis 1950	Ab 23. April 1945 bis 8. August 1950 sind Krakauers in Waiblingen, Schorndorferstraße 80 gemeldet. Vom 23. April bis 11. Juni 1945 wohnen sie aber noch im Dekanatsgebäude bei Familie Zeller
Januar 1948	Fam. Stutzel siedelt von England in die USA über
Ab 1950	Krakauers wohnen in Stuttgart: bis 1959 Gerokstraße 33; bis 1962 in Azenbergaufgang 2; bis 1967 Feuerbacherweg 15; ab 1967 wohnt Karoline im Altersheim in der Markgröningerstraße 39
6. März 1965	Tod von Max Krakauer
1971	Tod des Enkelkindes Werner Stutzel
7. März 1972	Tod von Karoline Krakauer. Das Ehepaar ist im israelitischen Teil des Stuttgarters Steinhaldenfeldfriedhofs begraben.
2001	Tod der Tochter Inge verh. Stutzel

Nach dem Krieg wohnte Fred Rosen, ein Bruder von Karoline, in Chicago. Er war unverheiratet und kinderlos. Das Schicksal der weiteren Familienangehörigen von Max und Karoline Krakauer ist unbekannt. Der einzig noch Lebende der Familie ist der Schwiegersohn Sender Stutzel in Plainview, N.Y., USA.

Einige dieser Informationen stammen aus einen Interview mit Inge Stutzel aus dem Jahr 1997, © USC Shoah Foundation Institute, University of Southern California

Literaturhinweise

Interview mit Inge Stutzel von 1997, © USC Shoah Foundation Institute, University of Southern California (Die Einsichtnahme in die Interviews des Visual History Archives sind in Deutschland an der FU Berlin möglich)

Geheimbund Nächstenliebe, Film von Ralph Lothar und Hans Rameau, 1963/64. Ein »dramatisierter Tatsachenbericht« über die württembergische »Pfarrhauskette« (Der Film ist in der Medienzentrale Stuttgart erhältlich)

Monika Guddas, Ostpreußisches Pfarrerleben, verbum, Berlin 2006

Peter Haigis: Sie halfen Juden. Schwäbische Pfarrhäuser im Widerstand. Edition Gemeindeblatt, Stuttgart 2007

Beate Kosmala / Claudia Schoppmann (Hg.): Überleben im Untergrund. Hilfe für Juden in Deutschland 1941–1945 (Solidarität und Hilfe für Juden während der NS-Zeit, Bd. 5), Berlin 2002

Konrad Löw, »Das Volk ist ein Trost«, Deutsche und Juden 1933–1945 im Urteil der jüdischen Zeitzeugen, Olzog Verlag München 2006

Julia Männchen / Irmfried Garbe: Hinterpommern 1943 – Menschlichkeit als subversive Macht in Zeiten des Terrors [mit der Edition des Berichts von Maria Reimer], in: Zeitgeschichte regional. Mitteilungen aus Mecklenburg-Vorpommern 1998, Heft 2, S. 39–44

Eberhard Röhm/Jörg Thierfelder, Juden – Christen – Deutsche, 4 Bände, calwer taschenbibliothek, Stuttgart 1990 bis 2007, besonders Band 4/1, Stuttgart 2004

Beate Schröder (Hg.): Im Dunstkreis der rauchenden Brüder, Frauen im württembergischen Kirchenkampf. Tübinger Projektgruppe »Frauen im Kirchenkampf«, Tübingen 1996

Wolfram Wette (Hg.), Stille Helden – Judenretter im Dreiländereck während des Zweiten Weltkriegs, Herder Verlag, Freiburg i. Br. 2005

Martin Widmann, Untergetauchte Juden 1942 bis 1945 und ihre Helfer. In: Blätter für württembergische Kirchengeschichte, 103. Jahrgang 2003, Stuttgart, S. 257–290

Abbildungsnachweis

Umschlag: Sender Stutzel. – *10:* Stadtarchiv Leipzig, BA 1977/1357, Altes Rathaus – Markt 1. Foto: Anton Blaschke, nach 1933. – *11:* Archiv. – *15:* privat. – *17:* University of Southern California, Shoah Foundation Institute for Visual History and Education, www.usc.edu/vhi. – *28:* Gedenkstätte Deutscher Widerstand, Berlin. – *29:* Gedenkstätte Deutscher Widerstand, Berlin. – *32:* Martin-Niemöller-Haus, Berlin-Dahlem. – *33:* Gedenkstätte Deutscher Widerstand, Berlin (2 Bilder). – *34:* Gedenkstätte Deutscher Widerstand, Berlin. – *37:* Bildarchiv Preußischer Kulturbesitz bpk, Foto: Friedrich Seidenstücker. – *39:* Martin Onnasch. – *41:* Elisabeth Reimer. – *42:* Elisabeth Reimer. – *43:* Elisabeth Jahn (Zeitungsausschnitt aus Pommersche Zeitung). – *45:* Rita Scheller. – *47:* Bernhard Schurian. – *55:* Andreas Ciesielski (2 Bilder). – *56:* Henning von Wedel. – *71:* Martin Widmann. – *77:* Heimatmuseum Denkendorf. – *84:* Hans Vorster. – *85:* Ruth Stöffler. – *89:* Heiner Gölz. – *91:* Georg Pfeiffer. – *92:* Martin Widmann. – *94:* Gudrun Linder. – *95:* Martin Widmann. – *96:* Christoph Deutschmann. – *97:* Archiv der Evangelischen Brüdergemeinde Korntal. – *99:* Walburga Kolmar. – *100:* Adolf Leger. – *101:* Frieder Mörike. – *103:* Evangelische Kirchengemeinde Beinstein. – *104:* Susanne Zeller. – *105:* Antonia Czempin von Wachsmann. – *109:* privat. – *110:* Martin Hornberger. – *113:* Reinhard Schmidt. – *114:* Evangelisches Pfarramt Ispringen. – *118:* Gottfried Roller. – *119:* Martin Held. – *120:* Martin Brecht. – *121:* Ulrich Wahl. – *122:* Jochen Bayer. – *123:* Hans und Maria Scheuermann. – *124:* Evangelische Kirchengemeinde Sillenbuch. – *125:* Archiv Goes. – *126:* Lieselotte Schwarz. – *127:* Günther Baumgärtner. – *128:* Gertrud Kleinknecht. – *129:* Christine Werner. – *131:* Magdalene Bonnet. – *133:* Ulrike Lörcher-Lysko. – *134:* Hildegard Fischer. – *135:* Ingeborg Knapp. – *136:* Helmut Elsäßer. – *137:* Martin Widmann. – *138:* Hede Lempp. – *139:* Familie Schöttle. – *141:* Aus: Manfred Reiner: Frauen in Plochingen, Herba-Verlag, Plochingen 1998, S. 84. – *142:* (links:) Evangelische Kirchengemeinde Nufringen. – *142:* (rechts:) Maria Kleinknecht. – *143:* (links:) Michael Eisenmann. – *143:* (rechts:) Wilhelm Berstecher. – *145:* privat. – *146:* Albrecht Beck. – *147:* Hans-Ulrich Spieth. – *153:* Sender Stutzel. – *154:* Sender Stutzel. – *155:* Jörg Palmer. – *157:* Michael Reimer. – *158:* Elisabeth Reimer. – *159:* Joachim Hahn. – *160:* Dora Metzger.

Personenregister

Vorbemerkung: Max und Ines Krakauer sind nicht im Register aufgenommen, da ihre Namen fast auf jeder Seite zu finden sind.

Danksagung

Für die freundliche Unterstützung bei der Erarbeitung dieser Neuausgabe haben die Herausgeber vielfach zu danken:

Insbesondere danken wir Dr. Irmfried Garbe für wertvolle Hinweise und seine mühevolle Kleinarbeit bei der Beschaffung von Bildern aus Pommern sowie Professor Dr. Martin Widmann für zahlreiche Bilder aus Württemberg.

Professor Hans M. Wuerth unterstützte uns mit Informationen über die Familie Krakauer und Stutzel.

Von der Gedenkstätte Deutscher Widerstand in Berlin stellte Frau Barbara Schieb Bilder zur Verfügung.

Frau Halgard Kuhn danken wir für ihre breit gefächerte Beratung im Vorfeld des Projektes.

Sender Stutzel, dem Schwiegersohn von Max und Karoline Krakauer, gilt unser besonderer Dank für die Erlaubnis zur Veröffentlichung dieser Neuausgabe.

Jochen Bayer, Michael Eisenmann, Dora Metzger, geb. Mörike, Jörg Palmer, Gottfried Roller, Ruth Stöffler und Dr. Hans Vorster danken wir ebenfalls für ihre wertvollen Informationen und Bilder.

Dr. Eberhard Röhm danken wir für sein Vorwort sowie für seine tatkräftige Mithilfe bei der Fertigstellung des Bandes.

Darüber hinaus gilt unser Dank allen Familienangehörigen und Pfarrämtern, die durch mündliche oder schriftliche Hinweise, durch Fotos oder Auskünfte zum Gelingen beigetragen haben.

Langen und Denkendorf, im September 2007
Gerda Riehm und Jörg Thierfelder

Das Standardwerk zum Verhältnis von Juden und Christen im Nationalsozialismus

Eberhard Röhm und Jörg Thierfelder
Juden – Christen – Deutsche

Band 1: Ausgegrenzt, 1933–1935
ctb 8. 452 Seiten, 143 sw Abb. ISBN 978-3-7668-3011-1

Band 2/I: Entrechtet, 1935–1938
ctb 9. 458 Seiten, 105 sw Abb. ISBN 978-3-7668-3022-7

Band 2/II: Entrechtet, 1935–1938
ctb 10. 354 Seiten, 63 sw Abb. ISBN 978-3-7668-3176-7

Band 3/I: Ausgestoßen, 1938–1941
ctb 50. 450 Seiten, 66 sw Abb. ISBN 978-3-7668-3393-8

Band 3/II: Ausgestoßen, 1938–1941
ctb 51. 75 Seiten, 75 sw Abb. ISBN 978-3-7668-3398-3

Band 4/I: Vernichtet, 1941–1945
ctb 101. 500 Seiten, zahlr. sw Abb. ISBN 978-3-7668-3887-2

Band 4/II: Vernichtet, 1941–1945
ctb 104. 773 Seiten, zahlr. sw Abb. ISBN 978-3-7668-3888-9

Kombi-Paket: alle sieben Bände im Schuber
ISBN 978-3-7668-3934-3

Pressestimmen:

»Die Autoren verbinden die historische Darstellung mit didaktischen Interessen und Elementen moralischer Aufrüttelung.«
(Prof. Dr. Kurt Nowak, Theologische Revue)

»Herausragendes Merkmal ist die konsequent ökumenische Perspektive.«
(Prof. Dr. Siegfried Hermle, Freiburger Rundbrief)

»Ein unvergleichliches Kompendium, das in die Hände weiter Kreise der Bevölkerung gehört.«
(Gerhard Niemöller, Junge Kirche)

»Die längst überfällige Selbstbefragung der Kirchen.«
(Rolf Schneider, Die Zeit)

»Ein verlässliches und instruktives Kompendium zum Thema Juden – Christen – Deutsche.«
(Prof. Dr. Eike Wolgast, Theologische Literaturzeitung)

»Dem Buch ist weiteste Verbreitung zu wünschen.«
(Schalom Ben-Chorin, Jerusalem)